明 日 创 作 家

优秀作品集

小中组

学而思素养部　主编

全国征文活动
优秀作品集

人民文学出版社　天天出版社

序言

郭姜燕

语文特级教师，中国作家协会会员。

代表作品有《明亮的日子》《布罗镇的邮递员》《我们的秘密》等。作品曾获中国好书、全国优秀儿童文学奖、中宣部"五个一工程"奖、中宣部"优秀儿童文学出版工程奖"一等奖、陈伯吹国际儿童文学奖等多项大奖。

小书里的大爱

之所以称为"小书"，是因为这里面的作者都是小学生，他们的着眼点都贴近自己的生活，看起来是"小小的"，但细细读来，小小的孩子的笔下，这些小小的文章里，满满的都是大爱。

他们爱伟大的祖国。苏州的温柔婉约，云南的苍山洱海，南京的玄武湖畔，他们徜徉其中，带着读者一起饱览胜景。

他们爱自己的家乡。南通的濠河，天津的海河，杭州的西湖，在他们笔下都有着独特的神韵。他们通过"回家的路"，书写了时代的发展，歌颂了家乡的巨变。

他们爱美好的自然。一年四季，风霜雨雪，在他们的笔下充满诗意。校园的草木，路上的美景，都被他们的童心"捉住"，描摹得真切自然。

他们爱温暖的家人。家的美好见证了社会的美好。他们用心感受着家的温度、家人的温暖，毫不吝啬地表达着自己对亲人的思念和感恩。

他们爱神奇的想象。在想象的世界里，文物变得鲜活，汉字有了生命。他们既能与大诗人李白度过神奇的一天，也能与丑小鸭偶遇获得力量。

当然，孩子们的作品中一定有这样那样的缺点，但那有什么关系呢？英国作家哈兹里特说过："唯一没有瑕疵的作家是那些从不写作的人。"

写过《百年孤独》的马尔克斯有言："生活不是我们活过的日子，而是我们记住的日子。"孩子们用这样一本小书，留住了他们的日子，记住了他们的日子。真的很好！

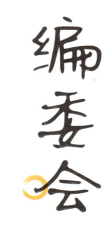

编委会

总 策 划：王 薇　陶晓丽

执行策划：臧金鹏　申 晴

主 　 编：学而思素养部

执行主编：潘可欣　黄晓贤　周俊鹏

编 　 委：米丽君　薛理文　张雪豪　孙志强　孟凡玉

　　　　　李新宇　潘心雨

评审老师：宋 薇　李 昂　杨 洋　辛晓彤　姜方媛

　　　　　张雪薇　刘晓婷

美术设计：

徐习习　王小茹　胡冰倩

制片统筹：

徐习习　王妍钰　王 颖

Contents

目录

疆土民风

感受我国不同地域的特色与习俗，培养孩子的家国情怀。

美文佳作 ❶

Excellent Articles

在林荫中，漫步金陵

南京分校　石一涵　指导老师：张桂郡

一句温厚的"总要来趟南京吧"，让南京汹涌的人潮，从春天延续到秋日。热门的 City Walk，更让南京的街头，满是探索城市之美的游客。

City Walk 的中文意思是"城市中漫步"。而我最喜欢的就是在林荫路里追寻南京的文化底蕴。

青瓦黄墙、洋房坡顶、遮天法桐、蔽日枫杨……南京最美的民国脉络，在颐和路铺开。走在这里，仿佛穿越到了民国的文艺电影里。一幢幢小楼掩映在古朴的高墙内，历史气息透过虚掩的门扉扑面而来。可以说，这儿的每个门牌号背后，都有说不完的故事。

穿过颐和路，就是东西走向的北京西路。在这条全长 3412 米的路上，一半是

银杏，一半是法桐。每个春天和秋天，浓郁的翠绿和深邃的金黄在这里交替上映。

顺着北京西路一直向东，就能到达北京东路。最吸引我的，是常年伫立于此的水杉和雪松，它们串起了北京东路上连绵的绿意。参天的树木延伸进天空里，夏天能帮行人拂去热浪。

从北京东路出来，沿着鸡鸣寺路一直走，就到了台城。在城墙上，可以东眺钟山龙蟠苍翠，北赏玄武十里烟柳。晚唐诗人韦庄写下的"无情最是台城柳，依旧烟笼十里堤"，足以看出当时南京的绿化之盛。

时至今日，我们仍然受着这片绿色的恩泽。在绿色中寻找历史的踪迹，更是别有一番风味。

苏州之行

南京分校　王辰祎　指导老师：莫沅芷

"**江**南好，风景旧曾谙。日出江花红胜火，春来江水绿如蓝。能不忆江南？"暑假，爸爸和妈妈带我来到了白居易诗中的江南城市之一——苏州。

我们到苏州的第一个景点就是拙政园。园内有蜿蜒曲折的长廊，有重重叠叠的假山，有古朴别致的亭台楼宇，走进园内，每一处景色都如诗如画，让人感觉似乎穿越到了古代。

唐代诗人张继有一首脍炙人口的诗《枫桥夜泊》，其中提到寒山寺，这也是让我印象深刻的景点。进入寒山寺，金黄的院墙古朴庄重。院内烟气弥漫，香火旺盛，烧香的人络绎不绝，祈求着心中的祥和平安。我还在庙内敲了钟，钟声悠扬沉静，肃穆空灵，仿佛能净化人的心灵。

苏州真是一座美丽的城市。这里有深厚的历史底蕴和独特的人文景观，我喜欢苏州！

跟着书本去旅行之绍兴游记

宁波分校　朱若晞　指导老师：郭恩东

那里有会稽山阴，有浣纱西施，有红酥手黄滕酒的钗头凤，有曲水流觞的传说……迎着初秋的风，暮色的雨，我到了江南绍兴。

越城区的雨下了整整一下午，把白天的燥热吹散了七分。夜幕降临后，我表弟和爸爸妈妈一起去了仓桥直街。我们踏着一块块古老的青石板穿行在小巷中，每每抬脚踩进凹凸不平的小坑洼里，都会溅起一小股雨水，"扑哧扑哧"的脚步声伴随着我和表弟的笑声回荡在这条古街里。站在十字路口，妈妈向我们介绍这条江南古街："仓桥直街北起胜利西路，南至鲁迅西路，全长 2 千米左右。临街的房子大多为明清建筑式样，站在桥上，能看到来来往往的乌篷船穿梭在水乡河道间。书中所言'人家尽枕河'的水乡风光，这次真的让你们见到了。"

临街的屋檐下，有人在穿茉莉花手环，在夜幕下能闻到阵阵清香。妈妈说："我们来安排一个'送君茉莉，愿君莫愁'的浪漫！"一人一串茉莉手环戴上后，连走路都弥漫着花香！

第二天清晨，我们一行人坐着乌篷船去游览鲁迅故居。这是我第一次坐乌篷船，据说这是最古老的一种交通工具。撑船的爷爷有着黝黑的皮肤，头戴一顶草帽，手里一边熟练地划着长长的竹竿，一边用带着绍兴方言的普通话跟我们聊天。看着两岸的风景在身后慢慢退去，光和影照在我的脸上，早上的乌篷船之旅可真是悠闲啊！

乌篷船带着我们来到了鲁迅先生的故居，从百草园到三味书屋，走走鲁迅先生当年走过的路，尝尝别具特色的黄酒棒冰。鲁迅先生笔下的绍兴，一字一句都让人神往。私塾里，鲁迅先生当年课桌上的"早"字讲述着岁月的故事，恍惚中还能看到当年那个发誓不迟到的小男孩，倔强地在自己的课桌上一笔一笔地刻着这个字。在导游的讲解下，我们知道了"三味"的意思：读经味如稻粱、读史味如肴馔、读诸子百家味如醯醢。不过据说鲁迅先生认为，"三味"就是指读不同书的滋味。

我在景区的文创店里读到了一句鲁迅先生的名言："地上本没有路，走的人多了，也便成了路。"鲁迅先生一辈子都在跟黑暗势力做斗争，用笔杆子勾画出中国的脊梁。鲁迅先生是吾辈之楷模！

本次的绍兴之旅，让我收获良多，既体验了江南水乡的浪漫，又感受到了浓浓的历史氛围。绍兴，下次再见！

宁波鼓楼

宁波分校　　陈子墨　　指导老师：李思佳

我爱宁波美丽的街道，爱那热闹繁华的三江口，爱那现代化的宽阔大街，但我最爱的还是历史悠久的鼓楼。

如果你到宁波来玩，必然要去鼓楼游历一番，它是宁波市仅存的古城楼遗址，是国家文物重点保护的古建筑之一。鼓楼和宁波这座城市同岁，有着1100多年的历史。

鼓楼的建筑风格非常特别。它造型奇特，底部为古代传统城墙，中间为黄色城楼，上部则是西式钟表，三者叠加在一起，呈现出的是典型的"中西合璧"风格。每到整点，鼓楼的钟声就会"咚咚"响起，从你耳边滑过。高高的鼓楼静静地矗立着，守护着一代又一代的居民，肃穆又庄重。

来到鼓楼，怎么能错过各具特色的宁波美食呢，热闹的鼓楼步行街真是"吃货"的天堂啊！文昌油赞子在宁波火得一塌糊涂，每次去都要排好久的队。油赞子其实就是小麻花，在排队过程中我们还能看到这种美食的制作过程。阿姨们将切好的"面条"揉细，并且互绞，接着下油锅炸。等两面金黄之后就用漏勺捞出，油赞子就做好了。现炸的油赞子就是香，老远就能闻到香味。忍不住放进嘴里，咬上一口，更是松脆香酥，好吃极了！比起青色的海苔味油赞子，我更加喜欢黄色的甜味油赞子。在鼓楼，你还可以吃到酥酥软软的矮子馅饼，又香又甜的桂花糖炒栗子，小巧精致的拇指生煎，外臭里香的绍兴臭豆腐……

鼓楼的白天与夜晚各有各的味道。白天的鼓楼沧桑尽显，夜晚华灯升起，熙攘的人群则带来了热热闹闹的生机。人们吃着、喝着、谈笑着，感受着时光缓慢流淌。步行街的粉墙黛瓦，洋溢着浓浓的明清风韵。它既有历史的内涵，又有现代的时尚，它用其独特的魅力征服了无数人。

看到这里，如果你还意犹未尽，那就请到宁波来，亲自感受一下鼓楼之美吧！

烟雨入姑苏

苏州分校　李弘熠　　指导老师：陈萍

一身旗袍，一曲评弹，茶馆中闲敲棋子落灯花。之前读到"江南好，风景旧曾谙"，总觉得出生就在江南，好像没有什么太大的感受，如今秋风又起，烟雨入姑苏，我才真正地见到苏州，再遇江南。

山丘重峦叠嶂，山中的雾气朦胧，好像给本就羞涩的苏州又披上一层神秘的面纱。为什么形容苏州用"羞涩"一词呢？在我看来，苏州与一位亭亭玉立的少女并没有特别大的区别，温婉而又清冷。与其说像少女，不如说它更像一幅陈列在博物馆中的画卷。天青色一笔，落在苏州的山陵一角，伴着寥寥细雨，朦胧中铺开一幅泼墨长卷，这是苏州。高低错落的木屋青瓦，石街洼池的斑驳倒影，油纸伞下的烟雨江南，这是苏州。

当你问我什么是苏州？我会跟你讲的是闻名遐迩的苏州园林，亭台楼阁，你或许从不会想象到一个咫尺之内的小地，便可以见到这么多景色；我会跟你讲的是河街相邻的城市设计，小桥流水人家，好像在苏州看见的河水不是河水，是在水中蜿蜒曲折的独属于苏州人的柔情；我会跟你讲的是巧夺天工的苏绣，一针一线，凝聚了无数匠人的心血，绸缎上的老虎栩栩如生，恐怕你看了也会不寒而栗；我会跟你讲的是长江三角洲上，中国改革开放重要窗口的苏州工业园区，高速发展的经济，城市的高楼大厦拔地而起，立交公路的畅快通行。真不愧是上有天堂，下有苏杭。

"江南无所有，聊赠一枝春。"苏州，我还是更喜欢叫她的旧名姑苏。秋风又起，当我躺在家里的窗户边，恍惚看见那个撑着油纸伞在烟雨中漫步的神秘少女，我明白那便是姑苏，便是江南。

家乡的风景

南通分校　　何徐　　指导老师：马国齐

我的家乡风景优美，景色宜人。这里有一条被誉为南通城"翡翠项链"的护城河——濠河。

"人家尽枕河，水巷小桥多。"濠河上大大小小的桥梁连接了河畔的街道、庭院、弄堂。作为六桥之首的长桥因为它的怪（长桥不长）最为人熟知。

濠河边的柳树对着水面梳妆打扮，一阵微风吹来，柳絮四散纷飞，如同一朵朵洁白的雪花。忽然"雷声千嶂落，雨色万峰来"。雷电交加，豆大的雨点从天而降，打在房檐上，噼里啪啦……各种各样的声音混合起来奏成了一首美妙的交响曲。过了一会儿，雨停了，游客们登上船只欣赏濠河的美丽风景。一只翠鸟飞来，一个俯冲捉到了一条又肥又大的鱼，衔在嘴里，一下子吞到了肚子里，似乎在对我说："这条鱼可真鲜美！"

濠河最热闹的时候得数一年一度的端午龙舟赛。每到那时，岸上的加油声和呐喊声此起彼伏，再加上船桨拍打河面的声音就更为热闹。到了最后的关键时刻，船员们个个都打起十二分精神，只听一声枪响，所有船都像离弦的箭般飞奔向终点。这时，节日的气氛被烘托到了极致，濠河里的水似乎沸腾起来。

我爱家乡的濠河，爱它悠久的历史，爱它优美的风景，更爱它的烟火气。

美丽的天津

天津分校　郭赫霖　指导老师：刘琦

我去过景色迷人的三亚，也见过高楼林立的上海，更体会过孩子们的天堂——珠海，但是让我印象最深刻的，还是热闹非凡的天津。

来到天津，一定要到海河去感受那清凉的微风。眺望海河，海河与天的相接之处，那如火的霞光还燃烧着。落日的余晖，给海河围上了一条红色的围巾。柔和的风轻轻地抚摸着河面，河水泛起微波，那是海河迷人的笑脸；一层层地向河边滚动的，那是海河裙子上的褶皱；听！哗——哗——海河正在唱着一首优美的曲子。

来到天津，绝对不能错过酥脆可口的煎饼馃子。拿到煎饼馃子，轻轻地闻一闻，香气立刻钻入鼻孔。黄绿色的煎饼夹着酥脆的馃子，我迫不及

待地尝了一口，一股咸咸的味道占领了舌尖，再仔细咀嚼，酥脆的馃子发出"嘎吱，嘎吱"的响声，只要尝过了这种味道，便再也不会忘记。

只要你到了天津，古文化街是必须要去的。走入古文化街，映入眼帘的是各种各样的商店。每当春节时，古文化街都会有各式各样的表演，猜灯谜、舞龙、相声和最有名的京剧……应有尽有，热闹非凡。孩子们举着糖葫芦，拿着小泥人，喝着龙嘴大茶壶的茶汤，喜笑颜开，好一幅古香古色的中国画。

天津真是个好地方！这里不仅有美丽的海河，有美味的煎饼馃子，还有古香古色的古文化街。我爱天津！

书画靓影 ②

Calligraphy and Painting Works

北京分校　王诗晴　指导老师：王晓彤

广州分校　毛宇航　指导老师：黎树成

南昌分校　王子悦　指导老师：钟佳颖

成都分校　卢玙蒙　指导老师：张梦菡

南通分校　孙刘熠　指导老师：赵煜

天津分校　山良睿　指导老师：张喜月

广州分校　高紫涵　指导老师：郑若琦

文明宝藏

了解文物与宝藏背后的人物、历史故事，感受文化的价值。

美文佳作 ①

Excellent Articles

国宝变形记

济南分校　郭城铭　指导老师：徐筱屹

"**这**是西周班簋吧！""好像是！"耳边响起了许多声音。我睁开眼，努力适应着强光。一群人围着我指指点点，不知在讨论些什么。

过了一会儿，我被一位专家送到了故宫，他们把我交给了文物修复厂的赵振茂先生。

当时的我已经支离破碎，我的底部破了一个洞，而且还变形上翘。我始终搞不明白，他们为什么会对这样的我产生浓厚的兴趣。

在修复厂里，我被赵振茂先生小心翼翼地分类。他轻轻地抚摸着我的每一片身体，看着我时就像看着自己的婴儿一样，让我感受到了家的温暖。他先用锡补配了残缺部分，又根据《西清古鉴》簋铭给我复原了缺失的三个字。他那认真、严肃的样子令我终生难忘。在经过一系列整形、翻模补配、修补、对接纹饰，跳焊焊接、钢錾雕刻、做旧等程序后，我终于又变成了从前的那副模样，甚至比以前更加漂亮。

现在的我，被人们小心地存放在首都博物馆的展厅里。我已经摇身一变，从碎片变成了首都博物馆的镇馆之宝！每天都有许多人来参观我，欣赏我。这，让我回忆起了从前的经历。

我本是清宫旧藏，后来流落到了民间，我在被人不停地转卖时，不小心让人打碎了。于是我被埋在地底，心中惶恐不安，陷入了沉睡。在某一天，我被人挖了出来，送到了北京有色金属供应站。1972年的一天，一群人来到了这里，他们像是在找什么。忽然，他们看见我，把我的碎片翻了出来，才使我得以重见天日。

　　我现在的生活十分美好。在首都博物馆里，人们都非常喜欢我，对我呵护有加。我觉得自己是特别幸运的，没有流落他乡，而是回到了自己的家。

　　听人们说，曾经与我在一起的一些伙伴，因为八国联军侵华的暴行，流落他乡。而现在，有许多志趣相投的有识之士在四处奔走，为让它们早日回国做着自己的努力。我好想它们，深切地知道它们有多想回到自己的家，也好想与它们说说心里话。我想，这个愿望在不远的将来一定会实现的！

　　历史总是变幻莫测又充满惊喜的，希望我们早日团聚！

书画靓影 ②

Calligraphy and Painting Works

成都分校　张煜晨　指导老师：代礼偲

自然博物

感受大自然的规则与生命的运行轨迹，发现自然之美。

美文佳作

①

Excellent Articles

奇幻夜游记

南京分校　　王泽涵　　指导老师：李欣

今夜，我是一位勇敢的小小探险家，在植物园进行了有趣的奇幻之旅！想知道我都发现了什么吗？现在就跟着我，带一支手电筒去照亮黑夜，在黑夜中睁大你的眼睛，以自己的眼睛去发现小动物的眼睛，以自己的耳朵去辨别小动物的声音……

望！仰望星空，星空是多么璀璨！北斗七星像勺子一样高悬在天空，旁边还有牛郎星、织女星和天津四。无数繁星组成了一条银河，隔断了牛郎星和织女星。而天津四就像幸福的使者，在银河上搭起了一座通往幸福的桥。

瞧！一个个荧光闪闪的小灯泡在黑夜下翩翩起舞。伸出手邀请萤火虫与我们共舞，你会发现雌性的有一条灯带，雄性的有两条灯带，原来这些灯带就是它们发光的神秘法宝。它们

给黑夜带来了勃勃的生机和无限的童趣。

看！千军万马在我的脚下驰骋而过。我拿起手电筒往它们身上一照，原来是一大群黄金蚁。它们像披着黄金铠甲的战士，正在大举进攻榕树，奋力建造它们的栖息地呢。

听！一声一声"吱——吱——吱"的声音划破了黑夜的宁静。是大自然的合唱团，时而齐声合唱，时而个人独唱，时而引吭高歌，时而低吟浅唱，正在黑夜中演奏美妙的乐章。

眼睛、耳朵是帮我们打开黑夜之门的钥匙。其实，你还可以用鼻子去闻一闻黑夜，比如橡胶发酵的气味……黑夜是多么美好，黑夜是多么神秘，只要你用心去观察，就会收获无限的快乐和惊喜。

春天与冬天

南京分校　　朱含章　　指导老师：张桂郡

远古时期，万物一片混沌，没有四季之分，只有春天和冬天。春天是一个阳光明媚的小姑娘，冬天是一个冷酷无情的男人。

原本春天和冬天轮流守护大地，可是冬天变得十分霸道无理。他赶走了春天，像一位冷酷的君主，携着凛冽的北风，带着刺骨的寒雪，冰封住了世界。春天心里很着急，她不想看见自己的好朋友——小树、小鸟和小花被冰封住。心急如焚的她去找了太阳。

春天见到太阳，恳求道："太阳先生，您可以借我一点阳光吗？我想去融化冬天那颗心。"可是

太阳说："我也想统治这个世界啊！"春天想了又想说："只要您给我阳光，我就可以把我一半的时间让给您，这段时间我们可以取名夏天。"太阳同意了。于是，春天带着阳光去找冬天。

春天把阳光洒在冬天的心上，冬天感到心里一热，那是从未有过的温暖与舒适。冬天问道："你做了什么？"春天说："这是阳光，你不觉得温暖吗？你可以把你的时间分一半，加点阳光，变成秋天。"冬天同意了。

于是，四季出现了。春天百花齐放，万物复苏；夏天烈日炎炎，绿树成荫；秋天果实累累，层林尽染；冬天冰天雪地，寒风刺骨。春夏秋冬，每个季节都有它独特的美，这才是美好的世界。

洁白的冬天

南京分校　徐自翕　指导老师：张桂郡

今天下了一场小雪。一开始，雨点从天上落下来，"滴答滴答"，有如鹅卵石般敲打在窗户上。不久后，雨滴变成了如山茶花般洁白的雪花缓缓地飘落下来。这些雪花真是调皮，它们时而飘落到盛开的梅花上，为梅花的美丽增添了新的色彩；时而落在房顶上，仿佛为屋顶披上了雪白的棉袄；时而飘到大街上，当人们踩在上面时，发出"窸窸窣窣"的声响。

我朝窗外望去，到处银装素裹，此时眼中只剩下纯净的白色。我想着，只要雪停了，我就能和小伙伴们打一场雪仗……想到这里，我心里充满了快乐。

没过多久，雪就停了。我高兴地叫来了小伙伴们，决定进行一场"打雪仗"比赛。我们迅速分成两队，开始忙碌地制造雪球作为"炮弹"。不久，各种大小的雪球如流星般穿越雪幕，飞舞在四处。为了躲避雪球的袭击，我躺在了雪地上，但还是躲避不及。当艰难地爬起来时，我已经完全变成了一个"大雪人"。于是我也迅速反击，向对手丢过去一个又一个的雪球……静悄悄的午后，洋溢着我和小伙伴们的欢声笑语，我们一直玩到了夜幕降临，才依依不舍地结束了这场"战斗"。

我喜欢冬天，也喜欢冬天的美景，以及和小伙伴们在雪地里玩耍的热闹场景。

采菱趣事

南京分校　　孙英皓

我的暑假像一台神奇的放映机，为我播放着一幕幕精彩的回忆；还像一本漂亮的画册，向我展示着一幅幅多姿多彩的画卷。其中最令我难忘的是——采菱角！

　　"六月七月荷花香，八月九月菱角硬。"每到此时，味蕾总会提醒我：到了品尝菱角的时间了！这个暑假，妈妈带我体验了一次下塘采菱角。在老师的安排下，我们穿上了连体防水裤，像一只只笨拙的小企鹅，走起路来一摇一摆的。我小心翼翼地挪到泥塘边，缓缓地走进水里。突然，我的双腿被水里的一双无形的"大手"紧紧地勒住，动弹不得。我定了定神，准备加入采菱大军，大干一场。

　　菱叶密密麻麻的，一片挨着一片，如同一大片绿地毯。翻开菱叶底下，还藏着一两颗翠绿的小牛角呢，可爱极了！稍稍用点力，小菱角就跳进我的盆里。

　　我边采边玩，完全沉浸在美丽的景色中。忽然几只青蛙和一只黄小鸭跳出了水面，"呱呱呱，嘎嘎嘎"地叫着，我被吓了一跳，手里的菱叶差点儿掉下水。采完菱角后，我们就回到了岸边，品尝了熟菱角，掏了菱角肉，做了菱角饼，菱角壳还做成了挂件。菱角真的浑身是宝呀！

　　大自然是我们的老师。通过采菱活动，我感受到了大自然的美妙与神奇。

玄武湖的四季

南京分校　　潘星宇　　指导老师：周雨晴

你去过玄武湖吗？如果没有，就让我来给你介绍一下吧！

春天，当你踏进玄武湖的大门，就会发现：湖边的杨柳抽出了新芽，像极了小姑娘的麻花辫；小草从土里探出了脑袋，好像在向我们招手，让我们去观赏那争奇斗艳的花儿。你瞧，那里有金黄的迎春花、雪白的梨花、淡粉的樱花、粉红的梅花，竞相开放，美丽极了。湖面上波光粼粼，好像揉碎了的星星撒在上面，又像一颗颗晶莹剔透的宝石镶嵌在湖上。

如果在夏天来到玄武湖，你一定会被眼前的景象所震撼，也一定会想到这两句诗："接天莲叶无穷碧，映日荷花别样红。"放眼望去，湖面上铺满了碧绿的荷叶，像一把把小伞。娇艳欲滴的荷花，像一个个舞蹈的小精灵，在湖面上随风舞动。

秋天的玄武湖更像是彩色的乐园：高大的银杏树落叶纷纷，金黄色的银杏叶像一把把小扇子，扇走了夏天的炎热；更像一只只金黄色的蝴蝶翩翩起舞。

　　如果你喜爱菊花，那么梁州盆景园的菊花展你一定不能错过。那一盆盆七彩的菊花，就像是揉碎了的彩虹点缀在它们身上，美丽极了。

　　傍晚时分，落日的余晖如水般柔和，像极了美丽的嫦娥仙子身披薄纱，缓缓地向你走来。清风拂过，树叶沙沙，夜鸟鸣叫，连小花都摇曳生姿，桂花的香味若隐若现，似有似无，仿佛在和我们玩捉迷藏呢。

　　冬日的玄武湖也是美丽的。下雪的时候，雪花纷纷扬扬，在空中飞舞。雪停了，一片银装素裹，分外妖娆。空气中还夹杂着一丝香气，那是蜡梅花散发的气味。

　　如果说玄武湖的春天是活泼的，夏天是生动的，冬天是清雅的，那么秋天一定是艳丽的，你想来看看吗？

秋游中山陵记

南京分校　　赵彤　　指导老师：孙震

"未觉池塘春草梦，阶前梧叶已秋声。"在这秋高气爽的日子里，我来到中山陵采集树叶，一棵棵松树、梧桐树、银杏树挺立在路边，好像在迎接我的到来。

高大的梧桐树形成了一条天然的梧桐树隧道。地上铺满了各种形状的树叶，远看，好像神仙的碎金掉落人间；走近一看，有的像一把小扇子，有的像一个小手掌，还有的像一个小铁锅……往前走，我看见了许多棵长在水里的水杉，再走近些，我才发现原来它们是长在湖中央的小岛上。它们像一团团燃烧着的烈火，又像一颗颗宝石镶嵌在湖中。蓝天白云倒映在湖面上，形成了一幅自然而美丽的油画。

继续前行，穿过一片树林，我发现这里别有洞天，绿油油的草坪上盖着一层树叶织就的被子。秋风拂过，树叶被吹得沙沙作响，走在上面像是踩在地毯上一样。我迫不及待地拿出装树叶的袋子，抓起一把树叶就往袋子里装。就在我装到一半的时候，突然想道：如果哪一天，我珍藏的这些树叶腐烂了，在这个世界上消失了……想到这里我有一点点的失落，天上的鸟儿好像也读懂了我的心思，叽叽喳喳地仿佛在讨论什么……

秋天树叶落下，天气逐渐转凉。很快冬天就要来临，这些落叶将为大树提供营养。四季轮回，下一年这些树还会萌出新叶，一直重复着生命的循环。

此刻，我懂得了一个道理：生命是短暂的，我们能做的是要珍惜生命，让我们的生命更有价值。

游黄果树瀑布

上海分校　　王佳琳　　指导老师：杨雪

暑假里爸爸妈妈带我去黄果树瀑布游玩。黄果树瀑布是亚洲第一大瀑布，明朝时就已经因为旅行家徐霞客而名扬天下，留下"天下第一瀑"的美名。对于我这个从小在城市长大的孩子来说，瀑布都很少见，更别说"天下第一瀑"了，出发前我就充满了好奇和期待。

那天我们特地起了个大早，就为避开汹涌的游客人潮。但到了现场我还是傻眼了，排起的队伍早已蜿蜒曲折，一眼望不到尽头。我们排在了队尾，只看到前方黑压压一片人头攒动，队伍却始终纹丝不动。我感觉空气逐渐稀薄，有点透不过气，腿脚也开始酸痛无力，就对妈妈说："我不想排队了，我们走吧。"妈妈看了看前后左右，我们后面已排了许多人，往前看不到队伍的头，往后看不见队伍的尾，只有密不透风的人墙。我们此时已是进退两难了。无奈我只能咬牙坚持。随着队伍龟速地向前挪动，我们终于靠近了第一个观景台。我听到了轰隆隆的水声，淋到了四下飞溅的水珠，却被前面高高的人墙遮挡住了视线，完全看不到大瀑布。爸爸把我抱了起来，我伸长脖子，努力向前方眺望，映入眼帘的是一座宽阔的巨幅瀑布，好像从天而降的银帘，从悬崖上直泻而下，汹涌澎湃、气势磅礴，溅起的水花足有十几米高，蒸腾起气雾层层，美如画卷，壮丽无比。此刻我已忘却了身体的疲倦，只觉得心中充盈着满满的欢欣赞叹。

我们随着队伍继续缓慢前行，通道变得越来越窄，到最后只容一人通行——原来此时我们已来到了瀑布背后的水帘洞了。抬头只见万顷瀑水从头顶轰鸣而下，惊心动魄，水帘如一条蛟龙奔腾入海，水花四溅，我只能尽量远离栏杆，以免被淋到湿透。水声震耳欲聋，我连自己的说话声都听不见了。随着湍急的水流往下望，水潭两岸绿草茵茵，水汽氤氲中两道彩虹若隐若现，也只有这等人间仙境才能成为齐天大圣的水帘洞吧！等出了水帘洞，我和爸爸妈妈互望着笑了笑，不由都笑出了声，尽管早有准备穿上了雨衣，我们还是被淋成了三只"落汤鸡"。

我很庆幸自己没有因为身体疲惫而放弃，否则可就错过这最壮观的瀑布、最美丽的风景了。据说黄果树瀑布已经奔流不息了五万年，我不由感叹：大自然真是最伟大的造物者啊！

牵牛花

上海分校　张心玥

种下一颗小小的种子，
长出细细的绿枝，
萌发了心形的叶片。
一步一绕，一步一攀，
终于爬满了整个花架。
你沐浴着阳光和雨露，
却不与百花争奇斗艳，
悄悄地绽放在初秋的凌晨。
小小的一朵牵牛花，
拥有着一颗奋力向上的心。

推荐一个好地方

上海分校　王紫莹　指导老师：肖亚东

有人爱风景秀丽的名胜古迹，有人爱重峦叠嶂的名山，而我却最爱我们学校的小花园。你想知道小花园多美丽吗？就让我来告诉你吧！

春天，微风迎面吹来，抚摸着我的脸；小草轻轻地低着头，和我招手问好；小花在风中翩翩起舞，美丽的舞蹈吸引来了许多蜜蜂。走进花园，一棵樱花树笔直地站在我面前，一阵风吹来，花瓣们依依不舍地离开了妈妈的怀抱，让我十分喜爱。向前走去，一阵清香扑面而来，原来是迎春花开放了。嫩黄色的迎春花张开双臂，好似在接受太阳的微笑。

炎炎夏日，骄阳似火。大树郁郁葱葱，撑起了一把把大伞，时不时发出"沙沙"的声响，鸟儿在大树里安家，知了在大树上唱歌，而我们在大树下乘凉，多么惬意。

一叶知秋，金桂飘香，是秋天到了。一棵棵银杏树在这里伸懒腰，密密麻麻，金黄色的一片片，像一个个小手掌。踩着柔软的"金香地毯"，我们的心情好极了。

天气冷了，冬天来了，所有的树都裹上了一层白衣。风吹来，冰冰凉凉的，树木都枯了，只有松树还一碧万顷，有淡绿、有墨绿、有嫩绿……多种多样。

百花齐放的春天，枝繁叶茂的夏天，硕果累累的秋天，银装素裹的冬天，这就是我推荐的好地方——小花园。

遥堤趣事

苏州分校　　汤梓菡　　指导老师：蒋卓云

暑假的一天傍晚，外公开着三轮车带着我和表弟去汉江遥堤上玩。

遥堤上长着一大片绿油油的小草，草地上还有几头牛正慢悠悠地低头吃着草。不远处的堤脚下长着一排排整齐的柏杨树，一阵风吹来，柏杨树的叶子发出"哗啦哗啦"的声音，听着让人舒服极了。这时突然传来了表弟发现新大陆似的声音："姐姐！快来看呀！"我才发现他面前有一堆又圆又大的牛粪。他连忙跑到堤脚下捡了一大把小石子，又飞快地跑上来，拿起一颗石子就朝牛粪扔去……他扔完石子便朝外公喊道："爷爷！我全都扔中了！"外公笑着对他说："你以为你在扔手雷呢？小心牛粪溅到脸上去喽！"

天马上黑了，我们该回家了。外公坐上三轮车，我和表弟不情愿地爬进车厢里，三轮车发动了。就在这时，表弟激动地大叫："爷爷！停车，快停车！"车停下后，我跟着他跳下去，看见有一群小羊在前面走着，后面有一只小羊羔掉队了，放羊的老爷爷拿着鞭子抽打着掉队的小羊羔，可是小羊羔还是走得很慢，羊群里时不时有几只羊回头看着那只小羊羔，好像很担心的样子。我猜那就是它的家人吧。老爷爷似乎明白了它们的心思，于是抱起小羊，把它放入了羊群中。看到小羊回来了，另外几只羊高兴地用头不停地蹭着小羊……

　　哎呀！外公叫我们了，我和表弟兴奋地飞奔过去，坐进车厢，回家了。

上学路上

苏州分校　王文皓　指导老师：陈萍

一场秋雨，一场凉。

雨后的清晨，我背着书包走在上学的路上。明朗的天空中时而有几只飞来飞去的小鸟在叽叽喳喳地聊天。隐隐约约地，我闻到了一股若有似无的清香。我不禁心生疑惑：是什么香气呢？于是我紧走几步，转了个弯，原来是墙角的那棵桂花树散发出的清香。那是一朵黄色的小花，挂在枝头，四片花瓣中间是一粒粒小米似的花蕊。一阵秋风吹过，桂花的花瓣在枝头纷纷落下，像一只只翩翩起舞的蝴蝶，铺满了树下的小路。

桂花落下的声音是那样的轻微，几乎听不到。我站在树下，伸出手，想要接住它们，但它们调皮地从我的指缝间溜走了。花瓣落在我的头发上，落在我的肩膀上，落在了我的书包上……

一场秋雨，一场凉。

这场桂花雨让我感受到了上学路上的美。

夏塔古道

苏州分校　　李陈陈　　指导老师：姜曼玲

据说夏塔古道是唐僧西天取经走过的道路，现在是我们国家的边境线，翻过雪山就是哈萨克斯坦。一大早我们收拾好装备出发去夏塔古道徒步。

我们从景区的区间车下来一看，好一个壮观景象！辽阔的草原尽头坐落着一片高耸入云的雪山群，远看灰褐色的山峰像戴着一顶顶纯白的帽子，近看又似山尖点缀着一撮撮奶油。瓦蓝瓦蓝的天空中几只雄鹰在展翅翱翔，被蓝天笼罩的山峦连绵起伏一眼望不到尽头。

山脚下是一片绿意盎然。河水哗哗地从岸边流过，河岸旁有一片苍翠的森林，松树们手拉着手，好像在欢迎那些鸟儿在树枝上停留。所有的地方都是绿、绿、绿！再往森林深处走，我们见到了许多野生动物，有调皮可爱的猴子，有警惕敏捷的野兔，还有高大凶猛的麋鹿。最可爱的要数憨态可掬的小松鼠了：一双亮晶晶、宝石似的眼睛闪闪发光，金棕色的皮毛下是雪白的肚皮，它们在枝头跳跃着，不时还会从树上跳下来。你可能想知道它们这是要干什么，其实它们是下来吃松果啦！

我们顺着蜿蜒的小路继续往古道深处走去。就在这时，我隐约听到了水流的声音，猜想我们可能走到森林的边际了。果然，过了一会儿，视野突然开阔起来：前面横着一条大约十米宽的河流，水流湍急、清澈，朵朵浪花泛着白沫，我把手伸进水中，冰冰凉凉的， 原来这就是雪山融水啊！

河中间有一座木桥，仅用一些生锈的铁丝将三根木头绑在一起，这看着就让人腿发软。爸爸告诉我，木桥很平稳，我便不再害怕，在桥上欣赏起了周围的风景。仔细一瞧，我这才发现，河岸边开满了艳丽的鲜花。铃兰精致可爱，风一吹似乎真的会"叮当叮当"作响。一团像棉花糖一样的云朵飘在树顶上，要不是那棵树顶着，云朵就要掉下去喽！

多么纯洁的世界啊，真是让人陶醉！

月亮

广州分校　谢芯玥　指导老师：洪彩芳

不是月亮

那是玉盘

夜晚

为嫦娥盛上晚餐

有张丝纱

每到中秋

变成明月

悄悄地听

月下的吴刚

还有多少话没有说

静静地看

还有多少人

走在飘着桂花的路上

雨

广州分校　谢芯玥　指导老师：洪彩芳

开始了
声音像笛子
把空气当成五线谱

美丽的音乐
精巧圆润
像古典的美人
每一次抬手
都像珍珠
从手指缝里流出

雨
就是这样
从夜空中飘来
跑进我的心里

银杏

成都分校　蒋雨珊　指导老师：代礼偲

校园里有几棵高大的老银杏树，春夏秋冬会呈现出不同的风景。它们好像有满腹故事，静静地守候着四季。

入秋了，银杏依旧身姿挺拔，枝繁叶茂，远远望去，仍是一树碧绿。走近一瞧，你会发现完全不同的景象：树下的草地上零星地点缀着落叶，黄的、绿的，形态各异。有的叶片完整，像一把展开的折扇，半圆形的扇面上装饰着细密的长条状的纹理；有的叶片从中间裂开，分成左右两半，宛如振翅欲飞的蝴蝶。

抬眼望去，我惊喜地发现枝杈上的银杏叶子正悄悄地施展魔术：它们不再是整片的绿色，叶子的边缘微微卷起，皱褶的部分已经呈现出深褐色，往上渐渐过渡到金黄色，靠近叶柄的部分却还是碧绿的。三五片叶子从同一根细枝上冒出来，热热闹闹地凑在一起，好似一群爱美的小姑娘，悄悄地给自己的绿裙子镶上了金色的卷边。

一叶知秋，银杏是秋的信使。

春日美景在心中

成都分校　付眺影　指导老师：代礼偲

　　"**两**个黄鹂鸣翠柳，一行白鹭上青天"，杜甫的诗唤醒了我对春天的向往。盼望着，盼望着，终于，春天的大门在黄鹂清脆悦耳的鸣叫中打开了。

　　春天的气息弥漫在天上地下和黄鹂的周围。它悠然自得地飞着，掠过一座座青山，那些秀美的小山宛如一个个青翠欲滴的青团，摆放在春光明媚的大地上；它越过一条条小溪，那些清澈见底的小溪犹如一条条碧绿的丝带，蜿蜒在春意盎然的大地上；它滑过一座座花园，那些五彩缤纷的花园仿佛一匹匹彩帛镶嵌在姹紫嫣红的大地上。

　　它边飞边唱，吸引了更多鸟儿一同歌唱，组成了鸟类的"春天合唱团"。它们动听的歌声传到了原野上，引得原野上踏青的人们驻足聆听，流连忘返。原野上有一群小朋友在放风筝，他们笑着跳着，一听到鸟叫声就将风筝放得更高了，似乎要与鸟儿一比高下。五颜六色的风筝陪伴着鸟儿一起飞翔在湛蓝的晴空下。

　　春天是四季之首，它像一个爱漂亮的小姑娘，花枝招展地唱着笑着，向我们走来。我爱这明媚的春天，她是多么温柔呀！

脚尖滑过的浣花溪

成都分校　　张语熙　　指导老师：代礼偲

脚尖划过的浣花溪，
　簇拥的野花红了，
　茂密的竹林绿了，
　清亮的湖水蓝了，
　　蓝得诱人。

我站在万树山顶，
　听到了小鸟的歌声，
　听到了树叶的沙沙声，
　还听到了小朋友的欢笑声。

我坐在沧浪湖边，
　看到了碧绿的湖水反射波光，
　看到了白鹭在上空盘旋，
还看到了大姐姐在湖边拍照婀娜的倒影。

我走在诗歌大道上，
　仿佛看到了杜甫，
　听到了李白，
　嗅到了苏东坡，
　感受到了满满的诗意。

我爱浣花溪，
我爱这个在林立高楼中的一抹绿。

谁和谁好，
铅笔和橡皮好，
铅笔写错字，
橡皮来帮忙。

谁和谁好，
小鸟和大树好，
小鸟来盖窝，
大树仰脸笑。

谁和谁好

成都分校　孙悦雯

谁和谁好，
柳叶和柳枝好，
它们手拉手，
不吵也不闹。

谁和谁好，
小草和大地好，
小草发芽了，
大地开心笑。

秋日的小区

成都分校　高诗淇　指导老师：杨溢雅

生活中处处是美景。有人喜欢"淡妆浓抹总相宜"的西湖，有人喜欢"小荷才露尖尖角"的小池塘，我却独爱秋日的小区。

踏进小区，整座小区已经穿上了秋日的新衣。每栋楼前金黄色的落叶，像秋姑娘给大地宝宝织的毛衣，生怕大地着凉。

沿着石头小道，我来到小区东北角的花园里。我看到三角梅在跟小鸟热情地打招呼，两旁的杏树已经穿上秋姑娘织的外套，在阳光的照耀下，每片树叶都熠熠生辉。我闻到空气中有一股桂花散发出的淡淡香气。微风徐徐吹来，两旁的树叶轻轻地摇摆，发出簌簌的响声，宛如一首动听的乐曲。空气中不时传来孩子们的欢笑声："秋天真凉爽呀！""我们的小区真美啊！有机会我一定要带着我的朋友来逛逛小区。"

顺着小路再往前走，就是一个小小的鱼池。池水清澈极了，似乎一眼可以望到底。一群群小鱼儿在水中游动，溅起朵朵小水花。

秋日的小区真美啊！美得像一幅五彩的画，像一首抒情的诗，像一曲婉转的歌。我爱秋日的小区。

秋

成都分校　　张凌　　指导老师：张梦菡

一望无际的树林，如火红的火焰在跳动，如多彩多色的朝霞在舞动，亲吻着久别的大地。这种壮观而别样的景象，又有谁能做到呢？也只有秋了！

春是缠绵的，夏是狂热的，冬是冷酷的，而秋，是清爽的。秋化作雨露，使庄稼得到滋润，越发充满生气，农民们欢喜地丰收着自己辛勤劳动的成果。如今，秋又穿上金黄的霓裳，娉娉婷婷，袅袅娜娜，来到了人间。

我欣赏着一望无际的树林，仿佛像洒满了黄灿灿的金辉，使大地一片明亮。当我踏进这片树林时，阳光透着树枝之间的缝隙，照映在地上，斑斑驳驳。霎时间，一阵清风如母亲温暖的手从我脸庞拂过。这时，树上的落叶纷纷飘落，从远处看，像无数蝴蝶翩翩起舞，像无数火焰跳动，又像无数个跳芭蕾舞的舞者轻盈地舞动。

　　不知什么时候，当我回过神时，地上已经铺满了金黄的落叶，成为一条通往深处的小径。这种景象，既令我陶醉其中，又让我想起诗人龚自珍写下的名句："落红不是无情物，化作春泥更护花。"是啊，这不正如我眼前看到的景象吗？落叶纷纷，这些落叶一片片地落在地上，大概再过一段时间，就要和土地融为一体。在茂盛时，和许多绿叶一起为人们遮阴；在枯萎后，为泥土提供营养。

　　秋，你的一生全部都奉献给了人们，给了自然，庄稼有了好收成，使人们的生活更加美好；使大自然更加生机勃勃，充满生气。你悄悄地来了，又悄悄地走了。难怪人们都一直盼着你！

　　啊！秋，一处别样的风景！

洱海游

成都分校　唐浩轩　指导老师：张梦茵

有人喜欢古色古香的江南小镇，有人喜欢一马平川的大草原，还有人喜欢安静祥和的小山村。而我，喜欢宁静秀美的洱海。洱海，因为形状像一只耳朵而得名，位于云贵高原树木苍翠挺拔的苍山畔。远看，它像一颗晶莹的蓝宝石，静静地躺在苍山的怀抱中，柔美得令人久久不能自拔。

在一个细雨绵绵的上午，我们坐上了洱海观光船，绵绵的细雨伴随着微微的凉风迎面扑来，我的脸上顿时凉飕飕的。环顾四周，两旁的苍山逐渐往后远去，云雾好像一条条白色的玉龙轻轻缠绕在山间，仿佛我轻声一呼唤，它们就会咆哮着向我奔来。极目远眺，高低不平的山峦重叠，像极了传说中的蓬莱仙境。一阵风吹过，平静的水面泛起鱼鳞般的波浪，像一只只银色的蝴蝶在翩翩起舞，又像一个个可爱的精灵在轻快地跳跃。

浪花轻轻地、有节奏地拍打在船舷上，那"哗啦，哗啦"的声音令我陶醉，我的心也随着跳跃起来，这声音真美呀！

当夜幕降临，一轮皎洁的圆月从苍山顶升起，倒映在洱海中。洱海边的环海公路旁亮起了路灯，像极了爱跳舞的小姑娘手中的彩色丝带。仿佛轻轻一扯，它就会动起来。此时，静静地坐在海边的沙滩椅上，你会不会也像我一样，想起了那首诗："下关风，上关花，下关风吹上关花。苍山雪，洱海月，洱海月照苍山雪。"

洱海不仅有迷人的风景，还有许多让人垂涎三尺的美食呢。酸辣鱼、烧洱块、喜州粑粑、烤乳扇……其中，我最喜欢的就是烤乳扇了，这是由牛奶和木瓜制成的，外酥里嫩，香甜可口，特别好吃。

这就是如明珠般美丽的洱海。你难道不想亲历一番吗？它一定会让你流连忘返。

夏——色彩篇

天津分校　罗文君（艾米丽）

如果你要写夏，你不能只写夏。你要写炙烤大地艳红太阳的悬挂，写深邃莫测蔚蓝大海的冲刷，写广袤无垠金黄沙滩的玩耍，写倾盆瓢泼洁白玉珠的落下，写滴滴晶莹透亮汗水滚落的脸颊。

如果你要写夏，你不能只写夏。你要写圣洁无瑕粉嫩芙蕖的淡雅，写岸边细长青绿柳条的枝丫，写清凉池塘葱葱茭荷的青蛙，写美妙乐曲演奏深棕蝉鸣的浮夸，写元气十足橘色汽水的迸发。

如果你要写夏，你不能只写夏。你要写鳞次栉比波光粼粼海河的繁华，写摇曳飘逸淡紫长裙的穿搭，写淡蓝夜色微风优美声线的摩擦，写我最热爱的美丽妈妈满眼的牵挂，写我五彩斑斓的梦幻与永远炽热温暖的家。

美丽的天津大学

天津分校　耿逸轩　指导老师：叶锦涛

说起好地方，有人推荐风平浪静的西湖，有人推荐气势磅礴的紫禁城，有人推荐秀气典雅的苏州园林，而我推荐的是美丽的天津大学。

天津大学里有很多迷人的景色。春天，海棠花开了，粉白粉白的花瓣挂在枝头，有的已经欣然怒放，有的刚刚开放，有的含苞待放，还有的还是花芽。一阵风吹过，海棠花纷纷飘落，就如同翩翩起舞的姑娘。风把花瓣吹到地面，发出哗啦啦的声音。花瓣聚在一起，好似粉色的海洋。海棠花不仅美，还很香，远远地就能闻到那迷人的芬芳。

夏天，郁郁葱葱的大树布满了校园。从远处看，一棵棵苍翠的大树，美丽极了。站在树下，能听见一声声鸟叫和虫鸣。

秋天，树叶变黄了，被风吹落，我常常和小伙伴一起来捡树叶。树叶的颜色也不一样，有红的、橙的、黄的、棕的，各种各样的树叶就像天上的繁星。我用这些"繁星"来做标本。

冬天，鹅毛大雪席卷了整座校园。雪白的雪，像满地的棉花。房檐下的冰柱，像倒挂的冰山。

每到海棠节，北洋广场上有各种小摊。有卖明信片的，有卖书签的，还有卖簪子的，热闹极了。

春天美丽的海棠花，夏天粗壮的大树，秋天金黄的树叶，冬天雪白的雪，构成了这座美丽的校园。

"母亲河"——海河

天津分校　白皓淋　　指导老师：张喜月

我 的家乡风景优美，其中蜿蜒的海河贯穿着整个天津，是最值得家乡人留恋的地方。

清晨，风婆婆带着笑声掠过湖面，泛起层层波纹，这就是海河姐姐的纱衣。这时，海鸥在空中翩翩起舞，时不时钻入水中，出来时嘴里叼着鱼，并和伙伴们一起分享着胜利的果实，人们称它们为"捕鱼高手"。

午后的海河平静了许多，只见大家在海河里游泳，像刚下水的鸭群，扇动翅膀拍水戏耍。一双双小手拨动着浪花，你拨我溅，笑哈哈。是哪一个"水葫芦"一下钻入水中，出水时只见一层水花两排银牙。

傍晚，海河两边车水马龙，各

地的人都来到这里欣赏美景。有的人去坐摩天轮欣赏，有的人争先恐后地乘坐观光巴士欣赏，还有的人在河边一边散步一边欣赏。你看，夜幕下的海河显得格外漂亮：五颜六色的霓虹灯把海河打扮成一位花枝招展的仙子。不停闪烁的灯光，像仙子好奇的目光；灯光时而红，时而黄，时而远，时而近，颜色繁多，图形多变。这一定是仙子在参观日新月异的"海河之城"。

　　海河川流不息，养育了一代又一代人，日月光华，旦复旦兮。

"害羞"的小草

杭州分校　　王奕程　　指导老师：蒋钰清

我们家种了一盆"害羞"的小草——含羞草。这并不是一盆普通的小草，而是一盆会"玩捉迷藏的小草"。

当我刚种下种子的时候，它静静地躺在泥土中。几天后，两片嫩芽轻轻地探出头来，好奇地张望着周围。我每天都给它浇水，带它晒太阳。它努力地茁壮成长，越长越高。才过了几天，细细的茎竟然长到了三厘米，茎顶着两片摇晃的嫩叶，好似两只伸开的小手。两片嫩叶中间长出了酷似羽毛的叶片。

每当我轻触到张开的叶片时，它会快速合拢，好似小姑娘的双手一样紧紧地抱在一起。它的叶柄也会害羞地弯下腰，生怕有人伤害它。等它觉得危险已经消失了，才会慢慢地把手张开，挺起腰板恢复到原来的模样。有时，它会跟我玩捉迷藏，我走了之后它才会张开叶片。我临睡前偷偷地观察过它，在夜晚，它的叶片也是闭合的，像在睡觉一样。

为什么含羞草会"害羞"呢？这个问题困惑了我很久。今天，我查阅资料后才明白，在含羞草连接叶片的地方有一个叫叶枕的东西。叶枕里面含有许多水分，当叶片产生振动时，叶枕里的水分会流到含羞草的其他地方，这样叶子就会因为缺水而合拢。

植物里有好多奥秘，只要我们留心，就能发现。

西湖

杭州分校　卉卉

西湖的美，就在那春行时，遇见的青山翠柳；夏天里，接天莲碧的荷花；秋月中，浸透月光的三潭；冬雪后，疏影横斜的红梅。

春天，西湖岸边的柳树姑娘抽出新鲜的嫩芽，随着轻柔的微风翩翩起舞，像婀娜多姿的舞者在表演。它们屹立在白堤两岸，像一位位守护着西湖的卫士。正如大诗人贺知章的诗句："碧玉妆成一树高，万条垂下绿丝绦。"

夏天，西湖水岸相接的地方，满是荷花散发着幽香。水是清澈的，波光粼粼，像数不清的银色丝绒，铺满湖面。一阵清风吹过，我闻到阵阵荷花清香，沉醉其中，久久不想离开。鱼儿激起水花，打在大片大片的荷叶上滴滴答答，此起彼伏。我不禁吟起："接天莲叶无穷碧，映日荷花别样红。"

秋天，夜晚的西湖异常美丽。我乘着摇橹船看着周围令人赏心悦目的美景。皎洁的月光洒在湖面中央，点亮了那三座石塔，映在清澈见底的湖面上，这就形成了著名的"三潭印月"。

冬天，西湖的美景也毫不逊色。花儿都谢了，湖水依然清澈见底。盛开的梅花更是傲然挺立，在严寒中悄悄绽放，让冬天感到生命的蓬勃与美。

家乡的风景

深圳分校　　宛芊芊　　指导老师：叶芳岑

我的家乡在湖南，那里不仅风景优美，物产丰富，还有"鱼米之乡"的美誉。在这些美不胜收的风景之中，给我印象最深的是家乡的荷花。

每到六月，正是荷花盛开的时候。放眼望去，满池的荷花在挨挨挤挤的碧绿的荷叶上显得格外耀眼，像一块块绿色地毯上点缀着形态各异的粉色水晶。微风拂过，满池的荷花随风摇曳着，又像是起伏的碧波上跳跃着的粉色小精灵。

循着荷花的清香，我慢慢地靠近，眼前的荷花变得越来越清晰了：有的花瓣已经全部展开，露出嫩黄色的小莲蓬；有的才展开两三片花瓣，像一个害羞的小姑娘迟

迟不肯露面；有的还是花骨朵儿，在静静地等待着绽放。

我开始陶醉了，缓缓地闭上双眼，深深地吸了一口气，尽情地享受着周围的一切。此时我感觉自己仿佛变成了一只蜻蜓，置身于满池的荷花之上。一会儿飞到这一朵上面看看，很美；一会儿又飞到那一朵上面看看，也很美。我一点也不觉得疲惫，因为我要把所有的快乐分享给每一朵荷花……

"接天莲叶无穷碧，映日荷花别样红……"突然，我的耳边传来一阵阵赞美声，我终于回过神来，原来我正在欣赏家乡的荷花。

我最喜欢的植物

天津分校　　赵波钧　　指导老师：张喜月

有人喜欢金光闪闪的菊花，有人喜欢亭亭玉立的荷花，但我最喜欢的是洁白无瑕、淡雅芳香的玉兰花。

　　春天到了，玉兰花展开了笑脸。远远望去，在阳光的照耀下，玉兰树好像披上了紫红色纱衣。近一看，花瓣里面是白色的，外面是什么颜色呢？一朵花里竟有很多种颜色，真的很神奇。花朵下面是嫩绿的花托，衬得红的更红了，绿的更绿了，白的更晶莹剔透了。

　　玉兰花刚刚吐蕊的时候，花苞尖尖的，好像一支毛笔，外面还穿着一件毛茸茸的外衣。用手一摸，在外衣的包裹下，好像里面的花苞藏着许多春天的小秘密。一阵春风过后，花苞上的露珠像水晶般晶莹剔透，在阳光的照耀下发出闪闪的光。花朵含苞待放时，像一个害羞的小姑娘绽开笑脸，给人娇羞的美感。玉兰花完全开放时，满树的玉兰花像穿上一件碎花衣，花枝伸展，一阵清风吹过，花朵微微抖动像一只美丽的白鸽要飞上蓝天，花瓣伸展后又像舞蹈演员的兰花指一样优雅。

　　一阵微风吹来，玉兰花香扑鼻而来，顿时，沁人心脾。这股香味，也引来了成群结队的蜜蜂来采花蜜。美丽的蝴蝶也来凑热闹，像下凡的仙女一样在花丛中翩翩起舞。

　　我爱这美丽的玉兰花，我爱这迷人的花中仙子！

四季的海

天津分校　　于之涵　　指导老师：张喜月

春天，我是一个熟睡的孩子。

海鸥飞过我的身体，和鱼儿们捉迷藏。

惊醒了沉睡中的我，我嗅着春天的气息，在波浪中缓缓醒来。

夏天，我是一个顽皮的孩子。

雨水打在我的身上，像是在呵我的痒。

鱼儿们在我的身上跳跃，跳出一道道彩虹，笑得太阳公公露出了红彤彤的脸。

秋天，我是一个开心的孩子。

秋风姐姐带着落叶弟弟静静地陪我聊天。

云朵哥哥挥着手越飞越高，我想他是急着和外星人会合吧！

冬天，我是一个任性的孩子。

有时我会大力地踢着岸边的礁石，抱怨说朋友越来越少。

天空哥哥却对我说："冬天虽然漫长，但春天总会到来！"

我的心爱之物

天津分校　张宸睿　指导老师：刘琦

提到心爱之物，有人喜欢栩栩如生的洋娃娃；有人喜欢扣人心弦的故事书；还有人对代表荣誉的奖状爱不释手，而让我情有独钟的却是一盆含羞草，是我过生日时妈妈送给我的生日礼物。

含羞草长得非常茂盛，叶子挨挨挤挤的，像一根根笔直的羽毛。粉嫩的花朵从这些"羽毛"间探出头来，有的花朵全绽开了，像毛茸茸的蒲公英一样；有的花朵正在开放，低着头像害羞的小姑娘；有的还是花骨朵儿，看起来像马戏团里鼓鼓的气球。

说起这盆含羞草，那是两年前的事了。记得在我的生日会上，妈妈走到我的面前，然后神秘地从背后拿出一盆开着漂亮的粉色花朵的花。我疑惑地问妈妈："妈妈，这是什么花啊，真漂亮！"妈妈一边摸着我的头，一边微笑着

对我说："这是含羞草，你看它不但很漂亮，还很害羞呢，以后它就是你的新朋友啦！"说罢，妈妈摸了摸含羞草的叶子，它马上害羞地低下了头。我高兴地拍手笑道："太好玩了！谢谢妈妈！"

我和含羞草成了无话不谈的好朋友。还记得不久前，妈妈在单位加班，爸爸出差，黑漆漆的家里只有我一个人。我在床上翻来覆去不敢入睡，直到一阵清香幽幽地飘进卧室——是我的好朋友在召唤我。我立刻打开灯来到阳台，和含羞草说说话。我的小手忍不住摸了摸它的叶子，如同和我捉迷藏一般，它立刻用双手遮住娇嫩的小脸。渐渐地，我仿佛不再害怕，直到妈妈下班回到家，我才恋恋不舍地跟含羞草说了"晚安"。

这就是我的心爱之物——含羞草。每当看到它，我就会想起那些孤独的夜晚，那是它给我的勇气，也是它给了我的陪伴，我永远爱它！

面朝大海，背靠青山

宁波分校　余可荃　指导老师：李思佳

一轮红日在碧海的尽头缓缓探出脑袋，俏皮的阳光千丝万缕般穿过轻纱似的薄云，交错挥洒在平静无波的海面，跳跃在青翠茂盛的山林间隙，也映照在初见生机的大地上。此时此刻，勤劳的农民们已经开始了日复一日的田间劳作。他们衣着朴素，却又仿佛身披金光，每个人的脸上都洋溢着满足的笑容，书里描绘的"世外桃源"宛若就在我眼前。

这个依山傍海、一派祥和而又遍布生机的滨海小镇，正是我的故乡——象山。每逢节假日，我最期待的便是回归那片生趣盎然的土地。

听春雷唤醒大地的轰鸣声，等待嫩绿的小草争先恐后地钻出泥土，看田野上一片又一片希望的种子悄然落地。到了炎炎夏日，小镇上总是热闹非凡，咸咸的海风拂过来自五湖四海的面孔，往日平静的海边难得填满了欢声笑语。秋季是收获的季节，不只田间硕果累累，还有渔夫们带着成仓的鱼虾满载而归，我也终于能大快朵颐，吃上期盼已久的海鲜盛宴。冬季来临，大棚里精心栽培的红美人总算成熟，空气湿冷，却还夹带着一股甜橙的香气，还没入口就能想象到进嘴后汁肉饱满、甘甜可口的满足。

听妈妈说，这里曾是一个落后的渔岛，现如今却已全然是另一番光景。

我的故乡很美，面朝大海，背靠青山，永远热情，永远充满生机。我知道，在这背后，是无数勤劳而又布满沧桑的双手在日夜耕耘，从而创造并支撑了这片令我无比骄傲的土地！

神奇秀丽的老界岭

北京分校　　朱佳熠　　指导老师：米丽君

在这个炎炎夏日的悠闲时光，我和家人走进向往已久的老界岭，那里是一个充满神秘色彩的奇幻世界。

在清晨的微光中，我们乘坐缆车向山峰攀升。原以为山顶和山脚的温度差异不大，然而当缆车抵达峰顶那一刻，我仿佛进入了另一个世界。在山下，骄阳似火炎热无比，汗流浃背的我只能拿着小风扇降温；而到了这山上，一层薄薄的单衣已经不能阻挡这刺骨的冷气，我不禁一连打了好几个寒战。

我们从索道站出发，沿着蜿蜒曲折的小径行走，在绿意盎然中遇见了第一处景点——迎客松。不可思议的是，眼前这一棵古树在老界岭已经挺立了两千多年，它弯曲的枝干就像张开的手臂，迎接到访的每一位游客。枝干上郁郁葱葱的绿色，映入眼帘，使人心情舒畅，就像是大自然的见面礼。

　　继续往前，我们来到了"日月台"，这个观景台乍看平平无奇，但其特别之处在于台上那个巨大的相框。站在相框前拍照留念，我仿佛与山水融为一体，变成了其中生动、鲜活的一员。在"日月台"游览的时候，河南第一高峰"犄角尖"进入了我的视线，它巍峨耸立，犹如天地间的擎天一柱。虽然此刻的我们已经有些疲惫了，但是心心念念的目的地就在前方不远处，于是我们又坚定地迈出了前行的步伐。

　　不久之后，我们抵达了老界岭最壮丽的地点——分水岭，也是我们此次旅行的终点站。这里海拔高度达 1900 米，是黄河流域和长江流域的自然分割线。当你站立在这里时，会发现一边有风吹过带来阵阵凉意，而另一边却宁静如常。这种奇妙的景象让我们所有人都感到惊异不已。

　　最终，我们回到了索道站，乘坐缆车返回山脚。当缆车缓缓下降，我望着眼前渐行渐远的老界岭山顶，心中满是敬畏和感激。老界岭的每一处景色都像是大自然精心绘制的画卷，让人流连忘返。此次旅行不仅让我们领略到了老界岭的壮美景色，也让我感受到了大自然的磅礴力量和无穷魅力。

家乡的风景

北京分校　　吴瑞晞　　指导老师：张龙

我的家乡在祖国的首都北京。一提到北京，人们会马上联想到天安门、故宫、长城等这些雄伟、富丽的文化古迹，还会联想到高楼林立、车水马龙的长安街、金融街……但在我心目中，姥姥家门前那条小龙河才是家乡最美的风景。

春天，结成冰的河水慢慢开始融化，滴滴答答、哗哗啦啦，小龙河用它独有的歌声唤醒了沉睡的大地，唤醒了冬眠的青蛙，也唤醒了和煦的春风。我最喜欢和小伙伴们在小龙河边的草地上放风筝。阵阵微风吹过，小龙河上空便飘起金鱼、蝴蝶，还有沙燕……

夏天，河边的芦苇开花了。风一吹，芦苇左右摇摆，芦花随风飞舞，好像无数的小精灵在风中舞蹈。芦花落在河面上，引来了顽皮的小鱼、小虾，它们三五成群地在清凉的河水中逗弄着芦花，自由自在地嬉戏。只见姥爷

用小网子猛地一捞，就捞到了几条小鱼或几只小虾。我的小鱼缸里又有新居民了。

秋天，河水摇身一变，成了一个文静的小姑娘，既不像春天那样活泼，也不像夏天那样调皮。当秋风把一片片枯黄的叶子吹落到河面上，它便温柔地捧住它们，让它们随着自己缓缓流向远方。远远望去，犹如一条条金色的小船渐行渐远。

冬天，河面上结了一层薄薄的冰。在阳光的照射下，闪着细碎而耀眼的光，像是有人在河面上撒了一层碎钻石，美极了！淘气的小孩便会站在小桥上比赛扔石子，寂静的小河一下子又热闹了起来。

这就是我家乡最美的风景，一年四季流淌不息的小龙河。在它的两岸，到处都留下了我快乐的足迹。

北京的小巷

沈阳分校　马艺芯　指导老师：晨光

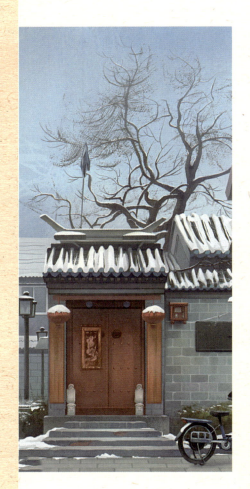

在北京有这样一条小巷，它从北京前门一直延伸到我的心底。

这是一条普通的老式小巷，坐落在满是高楼大厦的街区里便有了些许特别。低矮的房屋，灰色的砖墙，锃亮的瓦片无不显露出北京沉静、内敛的底色。与之相反的是巷口异常高大张扬的老杨树，阳光穿过老杨树层层叠叠的叶片，斑斓的圆点便绽放在青石子路上，像飞泉中迸溅的朵朵水花，隐约的水声在路面上回响。

巷中每隔几户便能看到精心种植的大红色花朵。有的挺拔玉立，像娇艳又持礼的大家闺秀，彼此间保持着疏远的距离；有的蜿蜒着漫上矮墙，一朵接着一朵，一瓣挨着一瓣，怎样亲昵都亲不够似的，宛然赤子心性的小娃娃；还有的只是那样一盆一盆放在墙根下，任其枯萎，任其长满野草。狗尾草在阳光下显得更绒软，更可爱，一圈圈金色的长绒围着细小的雅紫色草籽，像上好的蜀锦缀上灿烂的金边。在鲜花盛放的小小花园里，那几棵孤傲的野草反倒像是一个奇迹。每当风穿过巷子，红色的香浪便翻滚着从这边的花架子涌到那边的杨树下。

潮落了才能看清水下的贝壳，房矮了更容易看懂人间的喜乐。在这条没有高楼大厦的小巷里，人们把宁静还给了自己，把忙碌留给了花、草和树木。

书画靓影

②

Calligraphy and Painting Works

广州分校　王瑞娅　指导老师：张星雨

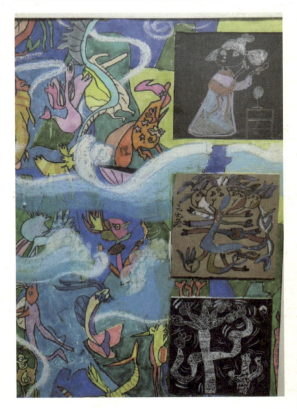

广州分校　苏泊妍　指导老师：徐绮雯

北京分校　郑清萦　指导老师：冯新垚

天津分校　朱燕南　指导老师：王晓彤

置身山野中
鸡鸣山茉香

上海分校　李正玥　指导老师：葛燕晴

时代强音

紧跟时代潮流与发展，
见证科技发展和时代巨变。

美文佳作

1

Excellent Articles

星星之火，代代传承

上海分校　丁菀琳

如果信仰有颜色，它是一抹耀眼的红色；如果崇敬有实体，它是一个端正的队礼；如果精神有传承，它是一种纯澈的热爱……对祖国的爱，跨越了几代人，薪火相传，深深根植于我们的心中，刻下永不磨灭的烙印。

这天，我和爸妈在家翻看照片，一张我与老党员们的合照映入眼帘，回忆蜂拥而至，在我心湖里荡漾起轻柔的涟漪。那是两年前，中国共产党迎来百年华诞，正读二年级的我作为学校代表，在街道举办的庆祝活动中为老党员们献上鲜花。

党旗飘扬，国歌铿锵，我们郑重地戴好红领巾。我的心中激动无比，因为国旗的一角正紧贴在我的胸膛。活动开始了，我们手捧鲜花，来到老党员们面前。他们虽然已经年逾五十，头发掺杂着缕缕银丝，目光却依旧炯炯如炬。

"扑通，扑通"，我真切地听到了自己的心跳声，期待、激动与紧张夹杂着——那是我第一次与"党"离得这么近。听主持人介绍，这些老党员在自己的岗位上奋斗了大半生，为社会做出了杰出的贡献，用自己的青春谱写了一曲激昂的赞歌。

我献花的是一位党员爷爷。他慈祥和蔼，用布满老年斑的手紧紧握住了我稚嫩的手，对我说："孩子，要好好学习，你们是祖国的未来。"那一刻，

一股暖流传递到我的手心，春风拂面，冰消雪融，我的心中燃烧着炽热的火焰。

党的伟大历程在我的脑海中浮现。他们出生于祖国建设的关键时期，那时的生活条件十分艰苦。要有怎样的担当，才能让这些老党员，将苦与累嚼碎了吞下；要有怎样的情怀，才能坚守岗位几十年如一日，捍卫祖国的铜墙铁壁。我想这一定是源于对国家最真挚的热爱，"清澈的爱，只为中国"。起初，在浙江嘉兴南湖的一艘红船上，窄小的船舱内，宣布了一件开天辟地的大事——中国共产党成立了！此后的岁月中，"鲜红的爱，从未褪色"。从顽强不屈的江姐，到舍生取义的刘胡兰，再到坚韧不屈的黄继光……无数革命烈士抛头颅、洒热血，从枪林弹雨中走过，铺成了一条通往"解放"的大道。

新中国成立后，爱国志士前赴后继，在沙漠中、荒野里、稻田外，把原子弹成功爆炸，把卫星送上了天，让稻花香弥漫中国人的梦境……伴着

改革开放的东风，让我国从"站起来"到"富起来"，再到"强起来"。随着社会主义新时期的到来，祖国迈着大步，向民族复兴的康庄大道迈进，这是几代中国人的共同理想。

回忆着峥嵘的光辉历程，妈妈说，那天晚上，我戴着红领巾入眠，睡得格外香甜。照片里，我们与老党员们相对而立，其中预示着不同的两代人，完成了历史"接力棒"的交接。我想，正是这次活动，点燃了我心中那一簇小小的星火。

起初微弱闪烁的星星之火，已经燃成代代相承的烈焰，将黑暗与寒冷彻底驱散。今后，在实现全民族"中国梦"的路上，我们不会迷失，因为有党指引方向；我们不会畏惧，因为有爱国之心激励；我们不会彷徨，因为有前辈事迹鼓舞。

中国少年，让我们向着"中国梦"的方向，勇敢出发！

回家的路

成都分校　　苗陈一　　指导老师：代礼偲

春节是中华民族传统节日。在临近春节时，"回家"是大多数中国家庭从祖辈传承至今的优良家风。

20 世纪 80 年代，我的爷爷在四川达州的一个小县城工作。每年春节，爷爷会带着婆婆一起回家过年。回家的路不通车，只能步行，要走一天一夜才能到达。爷爷说，那时的回家路是一条泥泞小道。脚印深深浅浅，印刻着爷爷对回家的期盼。

十几年前，我爸爸考上了北京的大学。每到过春节的时候，爸爸会在北京西站坐上"绿皮火车"，历经二十多个小时的车程回到家里。爸爸说，那时的回家路是一条望不到尽头的铁轨。汽笛声声鸣响，开往爸爸日思夜想的家乡。

2013 年，回到成都工作后的爸爸买了一辆小汽车。那一年，回乡的高速公路建成通车，爸爸带着妈妈一起开车回家。一路上，他们听音乐，聊天，不到五个小时就到家了。妈妈说，那一年的回家路布满美景。汽车飞驶向前，满载着爸爸妈妈对家人的挂念。

今年，爸爸带我坐高铁回家。我坐在既干净又宽敞的列车里，听爸爸讲我国高铁的发展史。爸爸说，虽然我国高铁发展比发达国家晚四十多年，但经过几代铁路人的接续奋斗，实现了从无到有，从追赶到并跑，再到领跑的历史性变化，为广大人民群众出行提供了安全、舒适、便捷的交通方式。两个小时后，我到达了家乡。这一次，我的回家路是"中国速度"。列车呼啸而过，见证着时代的变迁与国家的发展。

回家的路承载着爷爷、爸爸妈妈和我对家的思念。当除夕这一天，全家人一个不落地坐在饭桌前时，才是真正意义上生活的圆满。家，是一代代中国人奋斗的动力和温暖的港湾。

致敬英雄邱少云

天津分校　　张云舒　　指导老师：王涵欣

看到了吗

1952 年朝鲜的秋天阴霾无常

敌机在天空辗转飞翔

三面环伺的强敌握着长枪

暗堡林立间

唯有三九一高地上的野草随风飘荡

听到了吗

志愿军战士们出发前的口令震荡

誓死拿下高地的志愿铿锵

长草丛前方的敌营是唯一的目标

同志珍重声声

化作潜伏昼夜间的默默希望

感受到了吗

敌机在头顶咆哮轰响

灼热的燃烧弹在草丛间燃亮

剧痛和高温

化作目光中的坚毅

和那烧焦的皮囊

少云同志

冲锋的号角已经吹响

胜利的歌声分外嘹亮

70 年后的长草丛依然美丽

早不见了血火

只见英魂的意气在大地昂扬

军人——神圣

沈阳分校　张嵩奇

军装
帽徽领章绿军装，
神圣使命心海藏。
坚定淬火钢铁志，
航天报国勇担当。

军歌
最爱军歌九霄翔，
史诗画卷血脉长。
荒丘崛起铸重器，
盛京城里颂飞航。

军姿
常恋庄严练兵场，
飒爽军姿气轩昂。
如山军令谁撼动，
吾虽年少志向强。

军旗
八一军旗猎猎扬，
梦中军营战友芳。
面对军旗行军礼，
光荣之心伴朝阳！

书画靓影

②

Calligraphy and Painting Works

常州分校　　张焱程　　指导老师：孙乐天

成都分校　　杨蕴卿　　指导老师：周梓芸

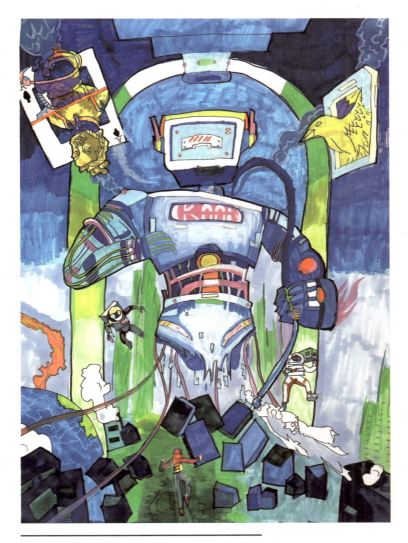

上海分校　董家鸣　指导老师：张梦佳

上海分校　沈钟毓
指导老师：蒋宇腾

杭州分校　范馨童

成都分校　唐紫鑫　指导老师：代礼偲

北京分校　盛宇涵
指导老师：初昊丹

北京分校　邓子骁

南京分校　纪斯恩

社会人生

感悟生命的成长与社会的变迁，
感知个体与群体之间的关系。

美文佳作 ①

Excellent Articles

安静与吵闹

南京分校　谢韫初　指导教师：郑梦之

在一个阳光洒满大地的午后，我来到古老的博物馆参观游览，当我来到一面镜子面前正准备"臭美"的时候，突然"嗖"的一声，我被一阵香气扑鼻的风吸进了镜子里。原来，这是一面魔镜，镜子里面居然还有一个神奇的"汉字吵闹国"。

我漫步在这个国家，发现这个国家的很多人都非常喜欢"吵"和"闹"。尤其是吵闹王子"喧"，他最喜欢吵闹和恶作剧了。上周，他才把许多铁皮水桶搭得高高的，然后"砰"的一声又把它们推倒，巨大的噪声竟然让他哈哈大笑起来。昨天，他又把 100 只公鸡给关在鸡窝里面，不让它们出来。结果清晨的时候，100 只公鸡一起打鸣，声音震耳欲聋，他居然高兴得手舞足蹈。

再过几天就是王子"喧"的生日了，国王想给他一个与众不同的生日礼物，就问他："亲爱的孩子，你想要什么礼物呀？"王子不假思索地回答：

"我想要世界上最响的声音，让所有人一起对我说生日快乐！"国王同意了，并让使者通知了全世界的人。

在吵闹国的一个僻静乡村，一对名叫"安"和"静"的夫妇听说了这件事情后十分苦恼。丈夫"安"说："当我喊得非常响时，只能听到自己的声音，根本听不清别人的声音。"妻子"静"想了想，对他说："我们可以张嘴但不发出声，这样就可以听清楚别人声嘶力竭的叫声啦！"他们一拍即合，还把这个办法告诉了邻居，邻居又告诉了他的邻居。就这样一传十、十传百，全世界的人都知道了这个办法。说"生日快乐"的时间快到了，十五秒，十秒，五秒，时间到！千万人都一同竖起耳朵，可大家什么也没听到。这一次，王子收到了"安静"这份礼物，但是他异常喜欢，因为他第一次听到了大自然中小鸟清脆的歌声，是那么的动听。

当我准备继续探险的时候，我听见有人急促地在喊："宝贝，快起床啦，再不起要迟到了！"这时候，我才恍然大悟，原来我是做了一场神奇的梦呀！

小猫找幸福

南京分校　朱修毅　指导教师：郑梦之

在一片茂密的树林里，住着小猫一家人。猫妈妈和猫爸爸给了小猫无微不至的关怀，每天都为小猫准备丰盛的晚餐。可是，小猫并没有感到幸福，它很好奇，大家口中的幸福到底是什么呢？

有一天，小猫起了个大早，出发去寻找幸福。小鸟看到小猫在草丛里东翻西找，便问："小猫，你在找什么呢？"小猫回答道："我在找幸福，你知道什么是幸福吗？"小鸟说："我不知道什么是幸福，但我每天在天上飞，饿了就捉虫吃，累了就回窝里睡觉，也十分快乐。"

于是，没有得到想要的答案的小猫告别了小鸟，继续寻找幸福去了。小猫来到一条小河边，想喝点水。这时，它看到小乌龟在河里欢畅地游着泳，便问它："小乌龟，你知道幸福是什么吗？"小乌龟回答："我也不知道呀，可我每天在水里和小鱼小虾做游戏，非常自由。"

听完，小猫失落极了。找了一整天也没找到幸福，筋疲力尽的小猫向家走去。它的背上好像压着一块巨石，怎么也直不起来。这时，小猫看到了不远处家里温暖的灯光，闻到了妈妈做的美味的鱼汤的香气，它觉得身子瞬间充满了能量，它向家的方向飞奔。

小猫回家后饱餐了一顿，还舒舒服服地睡了个大觉。

吃饱睡足，小猫伸了个懒腰，摸摸圆滚滚的肚子，咂巴着嘴说："我终于找到幸福了，平淡的生活原来就是一种幸福。"

国王与玫瑰花

南京分校　　邱缨淇　　指导教师：郑梦之

从前，有这样一位国王，他不爱治理国家，但是酷爱玫瑰花，所以在王宫里种了好大一片玫瑰花。每当有外国使臣觐见时，他便带着他们参观自己的玫瑰园，吹嘘自己的玫瑰花是多么的美丽。这天，他又跟使臣吹嘘起来，但这位使臣出使过很多国家，见多识广，他对国王说："尊敬的国王陛下，您的玫瑰花很美，却只有红色，我去过一个美丽的东方国家，那里的玫瑰花五彩缤纷，真是美丽极了！"国王一听，生气地说道："我不相信还有比我的玫瑰花更美的！"于是，他便带着随从，向着东方去寻找那美丽的五彩缤纷的玫瑰花。

他们走呀走，来到了有一大片废墟的国家，国王惊呼："天哪，这是怎么了？这里还能有玫瑰花吗？""有的，先生。"一个小小的声音传了过来，只见一个浑身脏兮兮的孩子，怯生生地站在一个倒塌的房屋前。国王很惊讶："是吗？在哪儿？"孩子慢慢地走过来，小心翼翼地打开手心："先生，您看！"国王定睛一看，原来是一朵残缺不全、已经枯萎很久的玫瑰花。孩子有点羞怯地说："这是我们家花园里的玫瑰花，前几天我们这里被袭击了，家没了，我当时正好在花园里玩，就藏起来了一朵。"国王一听，心里很难受，他不知道怎么安慰孩子。孩子望着国王，扬起纯真的脸说："没事的先生，我们热爱玫瑰花，我们相信，终有一天，我们的玫瑰花会回来的！"

离开了这个饱受战争创伤的国家，国王的心情久久难以平静，他想快点看到美丽的东方国家的玫瑰花，来抚慰他的心灵，于是便带着随从继续向东走去。慢慢地，路上的风景变得越来越美了，能看到许多高大的树木、大片的草原和潺潺的河流，连空气似乎都变得香甜了起来。路边的房屋也渐渐多了，连带着孩子们的欢声笑语一直萦绕在耳边，国王的心情渐渐地开朗了，他喊住了正在路边玩耍的孩子，问："孩子们，这里是东方国家吗？你们这里有五彩缤纷的玫瑰花吗？"孩子们回答道："是呀，我们这里什么颜色的玫瑰花都有！"国王喜出望外："快，快带我去看看！"孩子们一口答应，一路嬉笑着带着国王来到一大片玫瑰花前。"天哪，真的有这么多五彩缤纷的玫瑰花啊！"国王看呆了，只见红的、蓝的、黄的、紫的、白的、粉的……各种颜色的玫瑰花开得漫山遍野，别提多美了！国王好像明白了什么，这美丽的东方国家里充满了和平安宁与幸福的气息，原来战争与和平带来的差别有这么大啊！

后来，国王回到了自己的国家，从此励精图治，让百姓们过上了安居乐业的幸福生活。

知了与蚂蚁

南昌分校　　徐泽楷　　指导教师：钟佳颖

　　一个凉爽的秋天，在清澈的小河边，住着一只蚂蚁和一只知了，他们是一对很要好的邻居。

　　在一个清晨，只听"吱呀"一声，小蚂蚁的家门被打开了，小蚂蚁背着包袱走了出来。他的脚步声吵醒了正在香甜梦里的小知了。小知了眯着眼睛，哈欠连连地对小蚂蚁说："朋友，这么早出门做什么？"小蚂蚁回答道："现在已经是秋天了，我得加紧找食物。"小知了不慌不忙地说："急什么，冬天又没到，以后找也没什么大不了，你看这天气多好，不吹一吹凉爽的秋风，欣赏欣赏美丽的风景，多可惜啊！"小蚂蚁劝说道："你现在就得赶紧找食物，不然，到冬天你会后悔的。"小知了答道："我才不急呢。"小蚂蚁见小知了不听劝告，只好独自一人踏上了寻找食物之路。

　　时间就像一匹奔跑的小马，跑着跑着就把美丽的秋天跑完了。到了冬天，寒风刺骨，白雪皑皑，小蚂蚁在温暖的土堆里睡大觉，而小知了只能坐在大树上，迎接寒冷的冬风。初冬时，小知了还扛得住，但是到了深冬，他就抗不住了。他披着一片枯叶，坐在树枝上，冷得直打哆嗦。他的脚已经冻僵了，手也已经结霜。正当他奄奄一息的时候，一丝亮晶晶的光芒出现了，原来是小蚂蚁！他披着一件斗篷，提着一只小灯笼。他看到小知了，很心疼，于是把小知了带回了家。小蚂蚁先让小知了坐在了炉灶旁，然后给小知了烤了一块香喷喷的面包，还给了小知了一些食物。小知了冬天就靠这些食物过冬了。

另一年秋天，小蚂蚁正准备去找食物，忽然他听见一阵熟悉的叫喊声："等我，等我！"小蚂蚁回头一看，原来是小知了。只见他提着棕色的小篮子，戴着斗笠，身穿T恤，脚穿一双已被他擦得亮晶晶的皮鞋。小知了对小蚂蚁说："我能和你一起去找食物吗？"小蚂蚁很爽快地答应了。

最终，他们两个成了一对形影不离的好朋友，他们经常一起玩耍做游戏，还经常一起找食物。

麋鹿苑之旅

北京分校　　魏熙恒　　指导教师：米丽君

当晨曦穿透薄雾，朝阳微微升起时，你能预见今日会有什么奇妙的事情发生吗？或许有些人会满不在乎地说："上学能有什么新鲜事？"然而，今天可是一个好日子！我们将走出校园，投入大自然的怀抱——集体参观神秘而迷人的麋鹿苑。

在去往麋鹿苑的路上，车厢内充满了轻松愉快的气氛。我们一边开怀大笑、互相分享有趣的故事，一边欣赏窗外迷人的风景。尽管路途颠簸，但时间在欢声笑语中飞快地流逝。不知不觉间，车子已经驶入了目的地。

一下车，我们就闻到了这里清新的空气，其中弥漫着湿润的泥土味和淡淡的草香，大自然仿佛对我们说着："欢迎欢迎！"

我们最先参观的是传说中的"四不像"。眼前的这种动物——角似鹿而并非真正的鹿，脸似马却又不完全像马，蹄子看起来像牛但实际上并非牛蹄，尾巴则有些类似驴尾。辅导员说"四不像"真正的名字叫麋鹿。她告诉我们：1900 年，当八国联军入侵北京城时，这里所有的麋鹿都被列强们掠夺走了；直到 1985 年，才陆陆续续回归了 40 只，通过饲养员的精心照料和保护，这才逐渐增加了数量。现在它们可是我们国家的一级保护动物呢！

参观完温顺的麋鹿，我们又来到了黏人的小鹿这里。得知我们可以亲自喂食鼩鹿，大家都开心极了。我们每个人领取了一根玉米棒，没留神儿，我手中的玉米棒就被小鼩鹿一口吞下。

当小鼩鹿走向老师，并用湿润的鼻尖轻轻触碰到她手中的玉米棒时，我看到老师的脸上闪过一丝紧张和恐惧。她微微颤抖的手，握着那根玉米棒。小鼩鹿慢慢地张开它柔软而有力的嘴巴，准备咬下这美味时，老师似乎更加紧张了，好像在担心它会误伤到她。

我立刻冲上前去安慰老师："老师，请放心，它并不会咬您。"我的语气坚定，就像一个大人一样。老师听后明显放松了些许，在我的陪同下，她战胜了内心的恐惧，并成功给这只可爱的鼩鹿喂食。

随后我们又陆陆续续参观了一些其他种类的小鹿，我们在每一处都用手机和相机记录下了宝贵的瞬间。

后来我们听老师说，这些可爱而稀少的生灵由于人类破坏环境的行为，数量正逐渐减少。如果我们不能好好爱护环境，这些美丽的生灵将面临灭绝。

怎么能眼睁睁地看着这些小鹿消失呢？同学们，我们一起努力吧，做个保护环境、爱护动物的小达人！每个人都肩负着守护生灵的使命，让我们在这片共享的蓝天下，与可爱的小动物们和谐共生！

生活的意义

北京分校　　张舜婷　　指导教师：王雨菲

在一个宁静的村庄里，有一座小房子，里面住着小狐狸多多一家。小狐狸多多和爸爸妈妈过着幸福而温馨的日子。有一天，小狐狸在专心致志地读书，忽然看到书中问了一个问题："生活的意义是什么？"他左思右想，都没想出答案来。于是，多多去问狐狸爸爸："爸爸，什么是生活的意义呀？"爸爸回答说："多多，我也不知道这个问题的答案，要不你去村里转一转，找找答案吧。"小狐狸多多背上小书包，就出去找答案了。

多多先经过大象爷爷的苹果园，看到年老的大象谷谷正在摘苹果。多多上前，礼貌地向大象爷爷问道："大象爷爷，我不知道什么是生活的意义。您能告诉我答案吗？"大象爷爷摸了摸多多的头说："我不知道答案。不过，能请你帮忙摘一下苹果吗？"小狐狸点了点头，然后就爬上树摘苹果了。多多足足摘满了一大筐，累得满头大汗。大象爷爷看到红彤彤的大苹果，高兴极了。为了谢谢多多，大象爷爷随手拿了两个大苹果塞进他的小书包里。

告别大象爷爷后，小狐狸多多又继续找答案了。多多在村里走着走着，又看到刺猬哥哥正在修房子。小狐狸赶紧上去问："刺猬哥哥，你知道生活的意义吗？"刺猬哥哥停下手中的活儿说："我不知道呢。但能请你和我一起修理房子吗？"多多痛快地答应了。一会儿他们就把漏雨的房子修好了。为了谢谢多多，刺猬哥哥抓了一把板栗放到多多的小书包里。多多向刺猬哥哥表示感谢后，又继续去寻找生活的意义了。

多多绕过一座小桥，看见绵羊阿姨一副不知所措的样子，连忙迎上去问："绵羊阿姨，您怎么了？"阿姨看到他，立马说："多多，唉，我腰疼，干不了活，正发愁呢，能请你帮忙打扫一下卫生吗？"多多听完，搀扶着绵羊阿姨回到家，把阿姨的房间打扫得干干净净。多多问阿姨："您知道什么是生活的意义吗？"绵羊阿姨看了看多多说："我也不知道。但这几根胡萝卜送给你作为答谢吧。"

多多回家后，爸爸连忙问："多多，你找到生活的意义了吗？"多多一副闷闷不乐的表情，沮丧地说："爸爸，我问了大象爷爷、刺猬哥哥、绵羊阿姨，但大家都不知道什么是生活的意义。不过，他们送给我两个大大的苹果、一把板栗和几根胡萝卜。"多多把大家送他的礼物放到了桌上。这时，爸爸指着桌上的东西问："你觉得今天过得有意义吗？"小狐狸多多露出了灿烂的微笑，因为他终于知道答案了。

乐于助人的船夫大叔

北京分校　周目澄　指导教师：张姝琪

从前有一个船夫，他专门载动物们过河。动物们都叫船夫为"船夫大叔"。船夫大叔非常喜欢这个工作，每天都会有许多小动物来坐船。

有一天，来了一只小蚂蚁，它说："船夫大叔您好，听说对面小岛上有很多香甜可口、又大又红的苹果。我像小鸟的羽毛一样轻，可以载我过去吗？""当然，当然。我马上载你过去。"船夫大叔欢快地说。

小蚂蚁真是太轻了，船夫大叔发现船一点都没有下沉。"我真的很轻吧！"小蚂蚁开心地说。船夫大叔也开心地答道："是啊，就像没有载东西一样。"船夫大叔载着小蚂蚁，哗啦哗啦地拨弄着浪花，划过河去。

过了一会儿，一只小天鹅飞过来说："船夫大叔，听说那边的山坡上开了很多美丽的鲜花，还有很多小蜜蜂和小蝴蝶。我是非常轻的，请载我过河行吗？""不行，不行！我还要吃中午饭呢！"船夫大叔不好意思地说。小天鹅难过地说："我真的不能过河吗？"船夫大叔说："不行啊，小天鹅，对不起，我真要去吃饭了。"小天鹅快要哭了，难过地看着船夫大叔。他刚要说什么，船夫大叔先说道："嗯，那好吧。不过我先吃一个面包行吗？""好，好，好的。"小天鹅开心地说。吃完面包，船夫大叔就载着小天鹅过了河。

到了下午，一头大河马走过来说："船夫大叔！听说对面小岛上有许多大西瓜，吃也吃不完。我虽然有点重，但您能不能载我过河呢？""嗯，好吧，重一点没关系。"船夫大叔说。

大河马刚一上船，船夫大叔的船一下子就沉入水中一大半。"噢！船夫大叔，我太重了吧？"大河马有些不好意思。船夫大叔却说："没关系，虽然有点重，但我的船还是很稳的。"

载着大河马的船夫大叔，哗啦哗啦地排开浪，费力地划过河去。

那天晚上船夫大叔收到了很多礼物，有小蚂蚁给的大橘子，有小天鹅用鲜花做的鲜花酱，有大河马给的大西瓜。他们一边把礼物送到船夫大叔的船上，一边齐声地说："谢谢您了，船夫大叔！"船夫大叔很开心，笑呵呵地回复道："谢谢你们啊！孩子们，有需要就再来找我啊！再见。"

在闪闪发光的星星下，时而泛起层层波纹的河面上，船夫大叔的脸上露出了甜蜜的微笑。这是多么美好的一天啊！

懒惰的啄木鸟与勤劳的蜜蜂

北京分校　　李梦瑶　　指导教师：何雅倩

从前，在一个生机勃勃、鲜为人知的树林里，生活着许多小动物，大家都互帮互助，一起快乐地生活，但有这么一只啄木鸟整天吃吃喝喝，无所事事。

有一天，一只正在采蜜的小蜜蜂问那只懒惰的啄木鸟："朋友，你为什么整天吃吃喝喝，除此之外什么也不干呢？""我不想干，会很累的。"啄木鸟说。"那你总得搭窝，储粮吧？"还没等小蜜蜂说完，啄木鸟便打断了它的话："不急，现在叶子都没掉，只是黄了一点，离冬天还差很远哪！"说完它便打了个哈欠，躺在一根粗壮的树枝上，呼呼地睡着了。

那只正在采蜜的小蜜蜂，无奈地叹了口气，慢悠悠地飞进蜂群里。

一转眼，已经进入了金秋，金黄色的叶子宛如一个个在空中舞蹈的仙子。"今天的枫叶可真美！"啄木鸟说。"医生，你能治好我的病吗？"老树问道。"明年再治也不迟。"啄木鸟不紧不慢地回答。老树叹了口气，便不再说话。 然后老树只好又拜托其他啄木鸟给它治病。

就在这时，刚采完一桶蜜的小蜜蜂又看见了整天在树上哼歌的啄木鸟，飞过来好心劝它："叶子已经掉了一大半了，这回你不储粮也得搭窝了吧？""冬天再搭也不迟！"啄木鸟不耐烦地说。小蜜蜂见劝说无果，便飞走了。

冬天很快到了，小动物们都冬眠了，森林里一个人都没有，只有一只可怜的啄木鸟，靠在曾经拜托它治病的那棵老树身上。"早知道就好好搭窝了。"啄木鸟在风中瑟瑟发抖。老树说："我们撑过这个冬天，一切都会好起来的。"

过了几天，啄木鸟被冻僵了，从树上跌落下来。老树看着它，露出了惋惜的眼神。

不久后，春天到了，泉水已经解冻，树木吐出点点嫩芽，而啄木鸟呢，也变成了一朵小红花，正默默地开放着。辛勤的蜜蜂看到这朵美丽的小红花，正忙着把蜜装进自己的兜里。

我眼中的秋天

上海分校　薛敏宏　指导教师：郭晓艺

也许你是从枫叶似火、丹桂飘香、凉风习习中知道了秋天的到来。而我每一年对秋天的感知，是从温暖又美味的秋梨开始。

当我还沉浸在夏天的快乐中时，忽然某一天，外婆买回来很多生梨。我知道，那是秋天的信号。

因为我小时候得过肺炎，于是，外婆每年都会在立秋为我熬煮一大罐秋梨膏。青绿色的生梨圆鼓鼓的，身上还有很多浅褐色的小点点，摸起来还有些粗糙。

外婆制作秋梨膏的过程挺花时间的，每次她都从早上忙到下午。一大锅洁白晶莹的生梨渣最后神奇地变成了一小罐咖啡色的秋梨膏。每天早上醒来，外婆都会冲一杯秋梨膏水让我空腹喝下，还会在我上学用的保温杯里灌满一杯秋梨膏水。

无论是秋梨还是秋梨膏水，都甜甜的、润润的。吃在嘴里，美在心里。

甜甜的秋梨让我感受到的不只是秋天，更是外婆那份无微不至的爱。

我爱秋天，更爱亲爱的外婆。秋梨知秋，我知外婆对我的爱！

这就是我眼中的秋天。

听交响乐曲《四季·春》

成都分校　廖诗然　指导教师：代礼偲

听到这首由卡拉扬指挥、柏林爱乐乐团演奏、苏菲·穆特领奏的交响曲《四季·春》，我仿佛置身于柳绿花红的春天。

在一座美丽的花园里，各种各样的花竞相开放，温暖的阳光轻轻地洒在花儿上面，让它们显得更加鲜艳了，一阵春风悄悄吹过，花儿们沙沙作响。这时，一阵悠扬的小提琴声传来，宛如一群蝴蝶飞来，停在花芯里，一双双美丽的翅膀一会儿张开，一会儿合拢。采完蜜后，蝴蝶们肩并肩地用华丽的舞步跳着圆圈舞，转着圈向远处的花丛飞去。

一阵欢快的长笛声，就像是在一条解冻的小溪边，溪水清澈见底，蜿蜒而下，仿佛一条蓝色的丝带铺在草坪上。一条小鱼跃出了水面，像是在告诉世间万物春天的到来。

一阵急促的提琴声传来，像一群蜜蜂匆匆飞来采蜜。采完后，它们和蝴蝶一起手拉手跳起了华尔兹。蜜蜂女王飞出来，跳了一段华丽的独舞。

这就是我最爱的音乐了，我每一次听到这首交响乐时，都不由自主地跟着音乐翩翩起舞，想象我也是那大花园里的一只蝴蝶。

猜猜他是谁

广州分校　　赵萌　　指导教师：陈健

一个阳光灿烂的春日，我们来到了福州的三坊七巷，古色古香的街道人流如潮。热闹的摊位上，出现了一个身影，他头发黑白相间，古铜色的脸上长着一双炯炯有神的眼睛，额头和眼角的皱纹雕刻着他几十年的风霜。他穿着一身金灿灿的唐装，帅气极了！

只见他拿起一块鸡蛋大小的糯米面团，加上色素揉搓，把面团的颜色调成人体的肤色。他把面团插在竹签上，一边认真观察顾客的五官容貌，一边小心翼翼地雕刻着，生怕错过任何细节。在捏制的过程中，面团在他粗糙的手上灵活地变化着，一会儿一揉一捏一压，就变出一个七分像的脸来了；一会儿一搓一拔一切，给面团增加了眼睛、耳朵、嘴巴。就这样，面团慢慢地变成了顾客的样子。

　　他是一个精益求精的人。接下来要完善细节，他让顾客转到侧面，他需要把耳朵雕刻得更细致。他又让顾客转过身来，观察顾客头发的分布，把灰色的面团一缕一缕地贴到泥人的脑袋上，让头发变得蓬松起来。最后他又让顾客转回正面，做最后的调整。他总是谦虚地问其家人和围观的市民："您看看，还有哪儿没到位？"只花了二十分钟，一个栩栩如生的泥人就捏好了。他还教会顾客用指甲油或清漆保养泥人，对此，顾客们赞不绝口。

　　这就是我的爷爷——福州泥人赵！我为他感到骄傲！

猜猜她是谁

广州分校　　邹明锟　　指导教师：陈健

今天，我要给大家介绍一位我的"朋友"。她的身材胖乎乎的，个子很高，瓜子脸上镶嵌着一双明亮的眼睛，乌黑发亮的头发中，有几根隐约可见的银白色发丝。她很爱笑，笑的时候眼角爬着几条浅浅的鱼尾纹。

　　她最喜欢下厨房展示厨艺，她做出来的饭菜非常美味，让人垂涎三尺，香喷喷的红烧排骨、酸溜溜的凉拌黄瓜、辣乎乎的水煮鱼、甜津津的苹果派……她的厨艺不比五星级饭店的大厨差。每次只要她烧起煤气灶，我就会跑到厨房，目不转睛地盯着那口锅，闻着飘来的香味，等待着开饭的那一刻。

　　她是一个工作勤奋的人，虽然她属猪，但在她的人生字典里没有"懒惰"这两个字。有一天晚上，我三更半夜爬起来上厕所，突然发现书桌那边有一片微弱的光亮，仔细一听，传来一阵噼里啪啦的打字声。只见她在电脑旁全神贯注地写着文案。"万籁此俱寂，唯闻打字声。"我蹑手蹑脚地走到她身后，她竟没有一丝察觉。我轻轻地问："怎么了，您还不睡？"她说："这是临时安排的工作，今晚必须完成，只能加班了，今日事今日毕！"听到她的话，我对她的敬佩之情油然而生。古有囊萤映雪、凿壁偷光，今有挑灯夜战、深夜敲字。

　　你猜到她是谁了吗？她就是我的妈妈，她也是天底下最能干的妈妈！

我和王羲之的一天

南京分校　梅艺霖　指导教师：张桂郡

有一天，我去六朝博物馆参观，看见了王羲之的《快雪时晴帖》。上面的一笔一画苍劲有力，于是，我认真地用手一笔一画地临摹……

这时，一道亮光把我带进了时空隧道。我睁眼一看，不得了，我身旁全是古代的建筑。这好像是东晋时期的房子，那些房子上都有吻兽，还有五个大窗户。我总算是看见王羲之的房子了。

我上下打量了这座房子，然后开门进去。我第一眼看见的是他们房子里的帷帐，我把帷帐打开，看见一位老先生坐在榻上，背靠凭几，一手扶在栏杆上，一手轻轻地放在腿上。老先生的身旁放着一个精致的唾壶，身前摆着一个几案。我礼貌地向先生行礼，说："老先生您好，我是梅艺霖。"老先生开口了："我是王羲之。"天哪，他是书圣！

随后，书圣拿出笔墨，以愉快的心情开始创作《快雪时晴帖》。手法行云流水，看得我不禁连连称奇，对书圣的敬佩之情油然而生。

后来王羲之款待了我，还邀请我参加了曲水流觞的活动。他穿好衣服，擦上白粉，在女佣的搀扶下和我一起坐上了牛车。半小时后，我们到了兰亭。王羲之告诉我，盆流到谁的面前，谁就得把酒喝了，吟诗吟不出来就得罚酒。然后王羲之把酒装进了盆里，盆在小河里流着流着，停在了我的面前。我紧张地把盆里的酒杯端起时，我又回到了现实。

再一次站在《快雪时晴帖》的面前我明白了，古人的世界真有趣啊！

我是一只丑小鸭

成都分校　　陈灿玮　　指导教师：周梓芸

每天吃完晚饭后，就是我家的阅读时光。暑假的一天晚上，我从书架上找到一本《安徒生童话》津津有味地看了起来，我流着眼泪看完了《丑小鸭》这个故事。

丑小鸭是一只生下来就又大又丑的鸭子，它的兄妹们都不喜欢它。它们总是嘲笑它，啄打它，嫌弃它，欺负它，都叫它"丑小鸭"。后来，它只能伤心地离开了自己的家，开始了流浪的生活。可仍旧没有人喜欢它。在寒冷的冬天，它和冰块紧紧连在一起，动弹不得，冻晕了过去，那段日子受尽了折磨。终于熬到了春天，丑小鸭靠着自己的不懈努力，历经千辛万苦，成功飞上了蓝天，成了一只美丽的与众不同的天鹅！

读着读着我的眼睛湿润了，我仿佛看到了丑小鸭那雪白的羽毛、高昂的脖子出现在我的眼前。它出生时就是一只普通的丑陋的小鸭，可它竟然有这样顽强的毅力，受尽欺辱和折磨它也没有放弃。从这里，我仿佛看到了自己：这个暑假妈妈开始让我学习奥数，可是，这个奥数不知比学校里的数学难了多少倍。第一节课，看到他们在黑板上讲解数学题时滔滔不绝的样子我羡慕不已。课堂上老师讲的知识，我好像懂了又好像没懂。回到家，好多作业我都不会，晚上常常做到很晚。每当我想放弃时，看到妈妈那期盼的眼神，只好又重新拿起笔，坐到书桌前。奥数对我来说真的太难了，我不想学！

看完丑小鸭的故事时我有些惭愧，它可比我难多了，它却一直没有放弃。和它相比我幸运多了，有爱我的家人、关心我的老师和不断鼓励我的同学，我怎么能轻言放弃呢？他们都是和我一起并肩作战的"战友"，和我一起去打败奥数题中的一个个小怪兽。

从那以后，每当我在做数学题遇到困难想退缩时，就会不由自主地想起丑小鸭；每当我受到挫折而流泪时，也会想起丑小鸭，丑小鸭时刻激励着我、鞭策着我，使我不懈地努力，勇敢地面对学习中的挑战！我现在还是一只努力前行的丑小鸭，相信自己有一天也能成为真正的白天鹅，通过自己的努力实现梦想。我渴望那一天的到来！

记一次活动

济南分校　　徐梓翔

春夏之交，珠帘般的紫藤花摇摇欲坠，犹如天女的长发；那浮翠流丹的石榴花也像极了睡美人，在绿油油的枝叶之间含苞待放。正是这个好季节，让我们用手把五月轻轻捧来，让人们在朝气蓬勃的五月尽情享受。

我跟爸妈来到了山水如画的深山之中。空气是那么清新，天空是那么明朗，使我总想高歌一曲表达我的满心欢喜。那里四面环山，鸟儿唱起了春天的歌谣，风儿吹散了双眼的困倦。到了半山腰，我看到路旁满是火红的杜鹃花，就和爸爸妈妈照了相片留念。

越往上走，天空灰蒙蒙的，周围弥漫着凉丝丝的、淡淡的雾气，朦朦胧胧，虚虚飘飘，像乳汁，像轻纱，笼罩着山尖，只有一丝红霞。越往上走，红色不断扩散，越来越浓。天空挂上了一轮太阳，十分耀眼。感受着微风，看着天上软绵绵的白云，让我想起"车行山路上，人如仙境游"。看着远

处崇山峻岭，形态万千，层次分明。有的岭线条那么柔美，仿佛大海的波浪；有的岭是那么突兀，使人一看就想起"云横秦岭"那种险句。

爸爸妈妈在一旁拍照，我独坐于山中亭，望山间之景。花枝绕亭柱，花开欲滴露。轻触之，花似娇羞之少女，轻抚衣角。放空思想，眺望远方，那山顶似藏许多秘密，不禁伸手抚摸，却又悄然放下，又想起置身于千里之外。淅淅沥沥，雨声不停，撑伞漫步，回头仰望天边。天似乎烙进人心中是蓝的，而在此刻，我仿佛看到天是白的，盖住了大地。捡起竹叶，放至嘴边，微卷叶子，闭了眼，所有坏情绪似乎随着悠长的哨声扩散开去，直至消失在天边，游荡在山中。

山无语，胜有语；大公无私，天地可鉴。

山也是无情，只是人有情后山才有了情，唯有远方花枝绚烂，唯有光中的马匹一路移行，踏着永生的花枝，驮着记忆和梦想。这个世界是迷茫的，是喧嚣的，我们怀着对美好的向往，对未来的憧憬，踏上追逐诗和远方的旅途。

这次爬山让我知道了人生是自由、随性，不能被束缚，要跨过山和大海，穿过人山人海。

猜猜她是谁

济南分校 种 霖
指导老师：孔园园

古人云："落木萧萧，琉璃叶下琼葩吐。"古诗中的丁香那么高雅，那么素淡，那么与世无争，那么无私奉献。

在我们学校里也有一株紫丁香，我们班的教室就在丁香树旁。每天早上她都是第一个站在树旁，看着我们进门，甜蜜的微笑始终挂在脸上，弯弯的眼睛像一只小船，里面充满了笑意，就像紫丁香花香一样甜蜜温柔。她梳着整齐的马尾，不留一丝乱发，就像丁香花一样干净、素雅。她的皮肤总是那么干净，即使不化妆，也像紫丁香的花瓣一样漂亮。

她的性格是温柔的，但也不缺乏热烈。她又是严肃的，总是要求我们坐姿要端正，背要挺直，字要工整，写作业要细心。她在课堂上总是有很多种办法来鼓励我们学习，她的办法就像丁香花一样多，一会儿来比拼哪个组的读书声音大，一会儿让我们画出心中的秋天，一会儿带来和书中一样的花，一会儿去寻找秋天的枫叶和银杏叶。

她就像丁香花一样，常常不为人们所注目，她从不贪赞美，也不奢望爱恋。她价值不凡，一身本领而又含而不露。为了能让我们学到更多知识，她无私地将精力都放在我们班的每一个同学身上。

你猜猜她是谁？她就是站在丁香树下的、我的班主任阴晓辰老师。

我爱我家的"动物园"

济南分校　　刘桐林

家是什么？有人说家是幸福的港湾，有人说家是温暖的大摇篮，而我觉得家就像一个"动物园"，尽管每种动物各有千秋，但生活在一起又是那么的和谐幸福。

我和妈妈称爸爸为"孺子牛"。他工作非常忙碌，几乎每晚加班到10点才到家，吃点饭休息会儿，便又坐到电脑桌前了。只见他双眼紧盯屏幕，手不停地敲击着键盘，时而翻阅那厚厚的一沓文件，时而又静心沉思。常常晚上我睡觉时，他还在写材料；半夜我醒来时，他的房间里依旧发出亮光，还有那不绝于耳的键盘"啪啪"声。他对工作的执着和敬业的精神令我深深敬佩。他在工作中不断创新，奉献自我，真的是"俯首甘为孺子牛"啊！

而我的妈妈则像一只辛勤的"小蜜蜂"。她每天都会把家里所有的活都干完，洗衣服，扫地，擦桌子，洗碗。她总是勤勤恳恳，任劳任怨。我时常看到豆大的汗珠，顺着她那劳累的脸颊流淌下来。这只"小蜜蜂"不仅照顾我的生活，而且每天晚上辅导我的学习。她专注地审阅着我不会的题，用铅笔细心地圈画出题干中的关键词，然后耐心地给我讲解。她还会联系生活实际，打着比方，生动地讲给我听，直到我听明白为止。如果我不虚心学，她瞬间就会由"小蜜蜂"，变成一只蜇人的"大马蜂"，嗓门提高八百度，用手一拍桌子，大吼一声："林林，认真一点！"那声音震耳欲聋，仿佛整个家的屋顶就要被掀翻一样。看我虚心学习了，她又微笑着坐到我身边，继续全神贯注地和我一起攻克难题。

我长得又高又胖，像一只可爱的小熊。我爱吃甜食，蛋糕、蜂蜜、巧克力都是我的最爱。我大快朵颐，家里的美食很快就被我一扫而空。我还有熊的力气，每当妈妈提重物时，我都会主动抢过来，提着重物一口气爬上五楼，家里人都夸我能干。

我爱我家的"动物园"。这里有关爱与陪伴，有理解和付出，有无尽的爱。

小小动物园

济南分校　　苏玺媛　　指导老师：李炳锋

有人说，家像是一束温暖的太阳光，使我们感受到温暖；有人说，家像幸福的帆船，载着我们扬帆远航去看这大千世界；还有人说，家像一棵大树，为我们遮风挡雨……而在我眼中，家就像一个奇妙、有趣的"动物园"。

说起动物，我第一时间想到的是我们家的核心成员，一只凶猛的"老鹰"。她表面看起来柔弱斯文，但是人不可貌相啊！她可是我们家的"危险人物"，发起火来可谓是惊天动地，爸爸见了都要退让三分。她观察起人来，眼睛像鹰一样锐利；行动起来，身体和手像鹰一样敏捷。当她给我的作业抓错纠错时，一点都不含糊，一个错误都不会放过。她就是我的妈妈。妈妈平时虽然严厉，但对我是充满着爱的。妈妈带我出门时都会牵着我的手；我生病的时候，妈妈总会陪在我身边，让我躺在"老鹰"的怀抱里细心地照顾着我。

再来说说我的爸爸，我的爸爸就像一头威武的狮子。他身材魁梧，体格健壮，哪怕他静静地坐在那儿，一言不发，也显得威风凛凛，让我安全感十足。平时爸爸也会如狮子般潇洒，他一下班回家，就一边看着手机，一边喝着茶，十分悠闲。虽然有时他也会干点家务活，但那是极少的。

接下来是我的弟弟，他可是一只活泼可爱的"小猴子"。天刚蒙蒙亮，薄雾还没有散去，微风一吹，树叶就沙沙作响，蝴蝶跳着轻盈优美的舞，鸟儿唱着婉转动听的歌，告诉我们新的一天开始了。这只调皮的"小猴子"就一会儿唱歌，一会儿练武术，一会儿玩玩具，那声音如同山崩地裂，好像大地都被震得颤动起来，震得我们一家都不得安宁！"小猴子"不但很调皮，而且手脚很灵活。在家里，有一次我好奇地问弟弟："你能从地板上爬到门框上吗？""我能。"弟弟自信地说完，便立马行动起来。他根本不费吹灰之力，很快就爬到了"顶峰"！

而我是一只"贪睡猫"，我特别喜欢睡觉，爸爸妈妈要是不叫我起床，我就会一直睡不醒。我的性格安静温顺，对待弟弟也很有耐心。有一次，妈妈辅导弟弟写作业时被气得大发雷霆，于是就派我上场啦。我一遍又一遍地给弟弟讲解题目，一个小时过去了，弟弟才恍然大悟。

我们每个人都个性十足，但我们相处得非常和谐。我家的"动物园"每天都有很多趣事发生。在这个小小"动物园"里，我感受到了热闹与欢乐，温馨与幸福。我爱我家小小的"动物园"。

我们班的百灵鸟

南通分校　李添乐　指导老师：赵煜

我的好朋友能歌善舞，吹拉弹唱样样精通，同学们给她取了一个绰号，叫"百灵鸟"。

她长着一头乌黑发亮的头发，细细的柳叶眉从发梢露出来，显得格外文静；她那炯炯有神的眼睛像两颗璀璨的黑宝石一样闪闪发光，好像在和你说话；高挺的小鼻子像一座金字塔，俏皮又可爱。她总是扎着一个高高的马尾辫，穿着墨绿色的花裙子，看上去不失优雅；高高瘦瘦的身材，看上去弱不禁风的样子。

你可别被她文静的外表所迷惑，一旦开嗓歌唱，她的声音就像百灵鸟一样动人心弦。记得在一次音乐课堂上，老师挑选了几名同学唱《让我们荡起双桨》，因为是下午第一节课，前面几个同学唱得大都让人昏昏欲睡。

突然从教室西北角传来一阵婉转悠扬、清脆悦耳的歌声，宛如百灵鸟在歌唱。同学们情不自禁地打起了拍子，整个教室都被她的歌声环绕着。自此，"百灵鸟"的绰号就这样诞生了。

她不仅歌唱得好，而且笛子吹得也很棒。去年的春节联欢晚会上，她为大家献上了一首《喜洋洋》，至今我依旧记得，她那灵巧的手指轻盈地在笛子上舞动，如同一只蝴蝶在花丛中翩翩起舞；她的身体轻盈地摇摆着，好似一朵轻柔的云彩在天空中飘荡，浓浓的年味儿在笛声中绽放。

她不仅歌声像百灵鸟一样动听，而且还是大家的开心果，经常逗我们笑。她喜欢讲笑话给我们听，每次讲完笑话我们还没笑呢，她自己先"咯咯咯"地笑了起来。我看着她，心想她真是我们班名副其实的"百灵鸟"呀！

我的妈妈

南通分校　褚静远　指导老师：赵煜

我的妈妈是一位全能型的妈妈，十八般武艺，样样精通。中等身材的她留着齐耳短发，梳着齐刘海儿，皮肤白白嫩嫩。她的眉毛弯弯的，像两条小船，下面嵌着一双明亮的大眼睛，一张樱桃小嘴，她能说会道！

才貌双全的妈妈，还特别爱学习，遇到不懂的问题总是打破砂锅问到底，所以她现在又掌握了许多本领，让我越来越崇拜她，下面听我一一道来。

她是一个手艺精湛的大厨，会烧许多拿手菜，尤其是那道糖醋排骨。记得有一次，我在书房写作业，一股香味勾出我胃里的馋虫，赶忙跑出去问："什么菜这么香？"妈妈一脸宠溺地看着我，神神秘秘地掀开锅盖，只见一根根排列整齐的排骨闪烁着红亮诱人的光泽，像雨后的玛瑙，让人垂涎欲滴。我迫不及待地尝了一口，美味极了，那次我连吃了两碗饭！

她也是我和哥哥最喜欢的"家庭教师"。有一次，我被一道数学难题困住了，急得像热锅上的蚂蚁团团转。妈妈看见了，急忙走过来，细声细语地问道："宝贝，怎么了？"那时妈妈没有责备，更没有置之不理，而是陪伴我一起认真分析了题目的意思，不厌其烦地给我讲解解题过程。在妈妈的帮助下，我终于学会了，那一刻我多高兴有这样一位充满智慧的好妈妈。

妈妈的爱不仅给了我们这个小家，还给了大家。因为她还是一位救死扶伤的白衣天使。疫情期间，医院里非常忙碌，妈妈始终坚守在临床一线。有小朋友害怕打针时，妈妈会温柔地安慰小朋友，鼓励他们要坚强勇敢。

这就是我的全能妈妈，像天使一样善良友爱，带着她那装满爱心的翅膀将爱洒向每一个人。

谁和谁亲

南通分校　　冯宇莹　　指导老师；赵煜

谁和谁亲？
水和山亲。
水给山洗澡，
山为水挡风。

谁和谁亲？
泥土和种子亲。
泥土提供养分，
种子茁壮成长。

谁和谁亲？
妈妈和我亲。
妈妈亲我的脸蛋，
我搂着妈妈幸福地笑。

谁和谁亲？
祖国妈妈和各族小朋友亲。
祖国妈妈呵护各族小朋友成长，
各族小朋友学好本领，
为祖国妈妈争光。

故乡的雪

杭州分校　刘易知

我的故乡在津门，每年腊月的时候父母都会带着我回去过年。因为来去匆匆，记忆中的故乡似乎永远是凛冬的模样。深吸一口机场外的空气，寒气顺着鼻腔一直灌进肺里，冷得让人只想躲进暖融融的屋子，不再出来。

可是，无论我们多晚到家，爷爷永远站在小区门口的路灯下等着我们。

印象最深的是那个下雪的除夕，整个夜空铅云密布，大团的雪花从灰扑扑的城市上空落下，车窗外一幢幢高大的建筑群飞快地向后退去，苍茫而肃穆。四周静谧异常，只有车轮碾在雪地里发出"轧轧"的声响。拐过弯来，我忽然发现整条街道张灯结彩，路两旁的树上挂满了大红灯笼，树干上缠绕着五彩缤纷的串灯。而爷爷就揣着手站在这样的火树银花下，他的帽子和肩头已经落了一层厚厚的雪花，也不知等了我们多久。他缩着脖子，看上去像是很冷的样子，可他满是皱纹的脸上却带着笑，看见我们的车来了，眼睛笑得眯成了一条线。

这场雪下了一整夜，第二天早晨，当我被"噼里啪啦"的鞭炮声吵醒的时候，窗外已然变成了一个银装素裹的世界。平日里灰的云、棕的树、黄的草地、红的屋顶……通通裹上了素白的外衣，渐渐分不清哪是天，哪是地。街道上空无一人，也没有过往的车辆。雪肆意地飞舞着，时而打着旋儿，时而左摇右摆，像是仙子摇曳着礼服，在苍茫的天际间跳了一曲热烈的华尔兹。

午后，雪终于停了，明亮耀眼的阳光刺破云层，空气湿润清冽，沉寂了一天一夜的大地忽然鲜活了起来。大人们带着小孩子纷纷出来打雪仗，我跟爷爷也加入了他们的"战斗"。每个人都裹得像一个圆滚滚的粽子，脸上挂着笑，在洁白的雪毯上奔跑、欢笑，把团好的雪球肆无忌惮地砸向对方。爷爷护着我，高大的身躯总能替我挡住四面八方飞来的雪球，还会细心地帮我把领子里的积雪择出，把我小红萝卜一般的手暖在他的脖子里。

快乐的时光总是很短，很快，我就要跟爸爸妈妈一起回杭州。返程的那天又下了雪，那天爷爷有些低烧，可还是追下楼来送我们。他的眼睛虽然还是笑得弯弯的，但是亮晶晶的，像是有雪花落了进去。

车渐行渐远，我用手擦干车窗上的雾气，看见路灯下的爷爷越来越远，越来越小，渐渐地看不清眉目，只依稀看见他肩膀和头顶的白霜。

今年我再回到故乡，爷爷已经不在了。除夕夜的雪窸窸窣窣，家门口街道两旁的树木依然挂着喜庆的灯笼，缠绕着五彩缤纷的串灯，一切如旧。

可是，再也没有人在火树银花下面，笑脸盈盈地揣着手哈着气，等着从他乡归来的我们。

倔强的啄木鸟

沈阳分校　　杨雅岚　　指导老师：阎裕衡

在一个星期天的黄昏，啄木鸟正在树上吃虫子，小河边一对青蛙正在谈话：国王要举行生日派对了！它邀请所有的动物前去参加。因为路途遥远，必须马上动身。

啄木鸟听后很是开心。它心想：既然是国王的生日派对，一定很热闹。于是它去了森林超市，买了礼物就立刻上路了。

路上它遇到了大雁。得知啄木鸟的目的后，大雁很是惊讶："我的翅膀不但比你大而且还长一倍呢！连我都觉得太远了，你还是快回去吧！"

啄木鸟满怀信心地说："我一定会准时赶到的！"

啄木鸟飞啊飞，在玫瑰花丛中看到了一只小蜜蜂。小蜜蜂难过地告诉啄木鸟："你的方向完全反了，你还是回去吧！"

　　"谢谢你给我指路。"啄木鸟飞快地掉转方向，尽管后天就要举行生日派对，但它相信，只要坚持飞，就一定会到的。

　　啄木鸟飞啊飞，看见了一棵大树。大树对啄木鸟说："明天有大暴雨，国王的生日派对可能要取消了。"

　　啄木鸟非常难过，大树劝它赶紧回去，但啄木鸟说道："我的决定是不可改变的。"

　　啄木鸟越过重重障碍，日夜不停地赶路。后来，它来到了一片花儿盛开的草地，草地上聚集了许多动物，它们都充满喜悦。

　　"请问，这里是为庆祝国王的生日而举行的生日派对吗？"

　　"是的，我们庆祝的是国王的生日。"

　　这天，啄木鸟看到了最美丽、最盛大的庆典。它虽然有些疲劳，但是很幸福。它说："我一直说，我会准时赶到的！"

我和李白的一天

天津分校　杨浩轩　指导老师：王一妍

一天，我正走在上学路上，忽然发现了一个怪人。这是一个两鬓苍白、面容憔悴的老爷爷。他的眼睛炯炯有神，身上穿着道袍，脚下穿着布鞋，正发疯似的找人询问："此时是否乃天宝年间？此地是何方？"我想：天宝？这不是李隆基的年号吗？我壮大胆子上前答道："此时乃公元2023年，您是……""吾姓李，字太白。"什么？这个人是李白？此时我心中的激动无以言表，唐代最伟大的诗人之一竟出现在我的眼前，那我可要好好给他介绍一下"一千多年后的世界"。李白看着这个世界，无法理解为什么会有这么巨大的房舍，为什么会有如此坚硬的道路，为什么会有这么多飞速往来的"轮子车"，他感觉自己来到了另一个天地。

我告诉李白，现在距离天宝年间已经过去一千多年，虽然朝代更迭变化万千，但他的诗歌已流芳百世，只要会说汉语的人都知道他的诗，就连两三岁的稚童也能脱口而出"床前明月光，疑是地上霜"。说到这里，我看见了他眼中的泪花，可能每个诗人都希望自己的诗歌被后人传诵千年，李白也不例外吧。

我们聊起他当年的理想，李白一生都在希望凭借自身的才华报效国家，但当报国无门时又对自己发出感叹，宽慰自己终将实现"长风破浪会有时，直挂云帆济沧海"。我告诉李白当今不再需要干谒，人人都可以上学、高考。即便是和他一样的商贾之子，除了当官，也可以在各行各业中发挥自己的才能，为国家添一份力，也就不用像他当年那样感叹"行路难，行路难，多歧路，今安在？"了。

到了下午，我们谈起和老友间的友情。我知道李白有许多至交好友，每当与老友离别之时也是他情感最难以割舍之时，往往佳句频出，比如"桃花潭水深千尺，不及汪伦送我情"，又如"故人西辞黄鹤楼，烟花三月下扬州"。我可以理解他当年的不舍，因为那时的离别几乎等于"永别"。但现在不同，不需漫长的书信往来，交通和通信的飞速发展，让我们打破距离的阻隔，消除千里之外的忧思。

说起老友，李白想起了当年与他们把酒言欢的时光，他又想喝酒了。但我告诉他不能像当年那样"会须一饮三百杯，将进酒，杯莫停"。如今的蒸馏酒酒精度非常高，只用几杯他就会达到"举杯邀明月，对影成三人"的境界。

到了晚上，一轮明月高悬夜空。我告诉李白，现在的月亮与他当年所见并无二致，但上面并没有广寒宫，也没有玉兔嫦娥，也就不可能有"白兔捣药成，问言与谁餐"。人死后不会成仙，更不能"扶摇直上九万里"，但我们距离飞上月亮并不远了，这得益于我们的航空、航天科技。踏上月球不再是中国人停留在诗句和传说中的梦想。

这时李白的身影逐渐模糊，我揉了揉眼，想看得清楚一点，但一道白光闪过，是妈妈拉开了我的窗帘。哎，原来只是一场梦啊！

外公，我想你了

常州分校　　吴思宇　　指导老师：孙乐天

外公，我想你了！

夜已经很深了，天空中星星点点的。

一、二、三……

哦，外公，你一定就是那最亮的一颗吧？

那年我五岁，当我看到你安静地躺在那冷冰冰的棺木里，

我只当你是睡着了，只是睡得有些久，有点沉……

后来，妈妈告诉我说，你变成星星飞上天，去找你的妈妈了，

想你的时候就看天上的星星。

我才渐渐明白：你已永远地离我们而去……

看着房间里属于你的东西已不在，

只剩下那把椅子、那根拐杖和那寥寥无几的照片。

我怀念你房间里的摆设，

怀念房间里属于你的气息。

现在什么都没有了，

但留存在我脑海中关于你的记忆是那样的清晰。

每每回家，车刚驶入路口，很远处我们就可以看到你翘首等待的身影。

走近后，你总是笑脸盈盈地对我们说："孩子们赶路辛苦了，肚子一定饿了，赶紧回家吃饭吧。"

"小宝，这是你喜欢吃的糖醋排骨、盐水鹅翅……多吃点。"

后来即便你身体不好，硬撑着起床陪着我们吃饭，你还是会不停地"唠叨着"，关切地嘱咐着，生怕我们错过了哪一道菜。

外公，我昨天又梦见你了。

在梦中，你还站在老家门口等我们回家……

梦，还能让我们继续说话。

我仿佛听见你在说：

"好孩子！长大了，已经是翩翩小少年了！"

"记得好好学习，学会了本领，长大后，要孝顺长辈，做个对小家、对大家都有用的人……"

外公，请放心，我会听你的话，努力学习，好好生活，成为你骄傲的娃娃。

外公，你知道吗？

妈妈一直将那个夏天，

为你拍下的微笑，

封存在一个小小的相框里，

放在我们经常可以看到的地方。

也是为了让你能经常看到我们，

经常跟你说上一句：

外公，我想你了！

音乐，房子，音乐，花瓶

长沙分校　　夏裕博

在一个古老神秘的森林里，有一座破旧的老房子，里面住着一群可爱的精灵。他们有着水汪汪的眼睛，晶莹剔透的翅膀，小小的个子，苗条的身材，穿着花花绿绿的衣服，古怪极了！

其中，有一个叫卡卡的小精灵，他的任务是用一个精致的花瓶收集森林里各种美妙的音乐：

听——

这是春天里小溪刚刚苏醒，薄冰迸裂，重新奔跑涌动的声音；

这是夜莺灵动、清脆的啼叫，宛如夜空中皎洁的满月；

　　这是古老的橡树随风摇曳，枝繁叶茂、沙沙作响的声音；

　　这是昙花在夜空霎时绽放的歌唱，美妙如同它自己芬芳的容貌；

　　这是狗熊在生命的最后一刻发出悲惨的哀嚎，那声音包含着它未完成的雄心壮志，夹杂着空洞与呻吟；

　　这是梅花鹿刚出生时稚嫩的啼哭，给整个森林带来无限美好与希望……

　　这一切，都构成了大自然无与伦比的美妙的交响曲，卡卡心满意足地收起了花瓶，把这些动听的音乐一粒一粒撒进人们的梦里。

书画靓影

2

Calligraphy and Painting Works

天津分校　李佩珊　指导老师：李石长

杭州分校　任珈亨　指导老师：蒋钰清

上海分校　谢悠娴　指导老师：章全萍

图书在版编目（CIP）数据

"明日创作家"优秀作品集．小中组／学而思素养部主编．－－北京：天天出版社，2023.12

ISBN 978-7-5016-2125-5

Ⅰ．①明… Ⅱ．①学… Ⅲ．①作文－小学－选集Ⅳ．① H194.4

中国国家版本馆 CIP 数据核字 (2023) 第 248867 号

责任编辑：王晓锐　　　　　　　　　　**美术编辑：**林　蓓
责任印制：康远超　张　璞

出版发行：天天出版社有限责任公司
地址：北京市东城区东中街 42 号　　　　**邮编：**100027
市场部：010-64169902　　　　　　　　**传真：**010-64169902
网址：http://www.tiantianpublishing.com
邮箱：tiantiancbs@163.com

印刷：三河市博文印刷有限公司　　　　**经销：**全国新华书店等
开本：880×1230　1/24　　　　　　　　**印张：**6⅝
版次：2023 年 12 月北京第 1 版　**印次：**2023 年 12 月第 1 次印刷
字数：104 千字

书号：978-7-5016-2125-5　　　　　　　**定价：**36.00 元